GPS Praxisbuch

GARMIN. eTrex 10, 20, 30

www.red-bike.de

Herstellung & Verlag: BoD - Books on Demand, Norderstedt

Autor und Grafik: Janet Bader

GPS Praxisbuch Garmin eTrex 10, 20, 30
2. Auflage – Oktober 2016
© 2016 Red Bike
ISBN 978-3-8423-6707-4

Inhaltsverzeichnis

Vorwort

Willkommen im Kreis der GPS Outdoor Geräte-Nutzer, die sich für ein Gerät entschieden haben, welches für den rauen Einsatz im Gelände geschaffen ist, ohne großes Drumherum die typischen Navigationsaufgaben erfüllt, eine hohe Betriebsstandzeit besitzt, universell einsetzbar ist und durch seine geringen Gerätemaße aufwandsfrei überall hin mitgenommen werden kann. Kurzum: ein Outdoor-Navi der neuen eTrex-Serie.

Als Garmin-Fachhändler für die Bereiche Sport und Outdoor und als Bikesport-infizierter Fahrradhändler verknüpfen wir selbst viel Strecke mit der GPS-Technik, haben daher genau auch Ihren Geräte-Typ oft genug auf Tour dabei, um Ihnen in Kapitel 2 und 3 Schritt für Schritt schildern zu können, wie es in der Praxis ablaufen sollte.

Der Ihnen hiermit vorliegende GPS-„Grundlehrgang" beschreibt Ihnen jedoch nicht nur den grundlegenden Umgang mit allen Modellen der neuen eTrex-Serie, sondern vermittelt auch allgemeines Grundwissen der GPS-Technik in Kapitel 1 und das Vorgehen bei der Tourenplanung und -Auswertung in Kapitel 4. (Die Kapitelzahl befindet sich jeweils vor der Seitenzahl.)

Da der eTrex 10 und 20 keinen barometrischen Höhenmesser (keine Höhenprofildarstellung), keinen elektronischen 3-Achsenkompass, keine drahtlose Datenübertragung (zu Pulsmesser etc.) besitzen und speziell beim eTrex 10 keine Kartendarstellung möglich ist, treffen diesbezügliche Themen nur auf den eTrex 30 zu. Später hinzukommende eTrex-Modelle werden sich erfahrungsgemäß nur durch ihre Spezifikation zu den Anleitungen in diesem Buch unterscheiden.

Nach und nach werden Sie sicher weitere Möglichkeiten entdecken, wie Sie Ihr Gerät für sich noch besser nutzen können und auch lange nach dem Kauf überrascht sein, was mit Ihrem eTrex-Modell alles möglich ist. Dies hier alles anzuführen, würde den Rahmen komplett sprengen und das Lesen für GPS-Neulinge wieder zur absoluten Qual machen.

Grundausstattung

Los geht´s mit:

- **GPS Gerät** – eTrex

- **Kartenmaterial** für eTrex 20,…30, ff. Am besten routingfähig, damit der eTrex den Weg zum Ziel automatisch berechnen kann.

Für das Arbeiten am PC:

- **GPS-Kartensoftware** zum Erstellen und Bearbeiten von Touren sowie zur Kommunikation mit dem GPS-Gerät, z.B. „BaseCamp". Download: www.garmin.de > Extras > Downloads

- **GPS-Analysesoftware** zur detaillierten Auswertung von Fitnessdaten, z.B. Garmin „TrainingCenter". (Nur notwendig bei der Verwendung von Puls- und Trittfrequenzmesser.) Download: www.garmin.de > Extras > Downloads

Für den neuesten Stand der Technik:

- **„Gerätesoftware/WebUpdater"**, um nach dem neuesten Update für den eTrex suchen zu lassen. Zur Installation am PC. Download: www.garmin.de > Extras > Downloads

Garmin-Karten freischalten:

- **„Garmin-Benutzerkonto"** anlegen, um die beim eTrex 20 und …30 mitgelieferte Download-Option der „Topo Deutschland light" einzulösen oder sonstige Garmin-Karten für den PC und das Gerät freizuschalten. Download: www.garmin.de > myGarmin

Kapitel 1 - **Allgemeines**

Einsatzgebiete eTrex

Der kleine eTrex ganz groß im Preis-Leistungsverhältnis. Besonders der eTrex 30, welcher einen elektronischen 3-Achsen-Kompass und einen barometrischen Höhenmesser besitzt, stellt ein vollwertiges Outdoor-GPS dar. Alle Modelle der neuen eTrex-Serie mit Kartendarstellung bieten beim Wandern, Klettern, Fahrrad-, Motorrad- oder Autofahren, Gleitschirm- und Drachenfliegen, bei der Schatzsuche – dem Geocaching – sowie als anspruchsloser Reiseführer im gänzlich unbekannten Urlaubsgebiet oder Navigator auf See stets reichlich Wissen vor Ort. Natürlich vorausgesetzt, das Gerät wurde vor Aktionsstart mit den entsprechenden Daten (Kartenmaterial) „gefüttert". Dazu steht inzwischen eine reichhaltige Auswahl an Topo-, Straßen- und Seekarten bereit, durch die erst die einfache „Anschalten und Los"-Aktion möglich ist.

Die Garmin-Outdoormodelle besitzen ein stabiles, schlagfestes Kunststoffgehäuse und sind wasserdicht nach Standart IPX7 (30-minütiges Eintauchen in tiefes Wasser, kein Salzwasser), jedoch nicht schwimmfähig. Wer das klare Display lange in diesem Zustand erhalten möchte, dem empfehlen wir die Displayschutzfolien „Ultra Clear" des Vertreibers DISAGU. Diese glasklaren Folien gibt es zu Cent-Beträgen passgenau für alle Garmin-Modelle und sie trüben die Sicht in kaum spürbarer Weise.

Die eTrex-Modelle verkraften Temperaturen zwischen -20 und +70°C und können somit über den empfohlenen Temperaturbereich so mancher Batterien liegen. Alle Modelle der neuen eTrex-Serie sind mit hochempfindlichen Empfängerchips ausgestattet. Dichter Wald und enge Felsschluchten bringen diese Geräte also kaum noch aus der Fassung. Das 30-er Modell verfügt des Weiteren über die „ANT+" Technologie, mit der Sie drahtlos Daten an ein anderes ANT+-fähiges Gerät senden oder von diesem empfangen können. Diese drahtlose

Datenübertragung macht sich auch der optional erhältliche Pulsgurt und der für das Fahrrad erhältliche Trittfrequenz- und Geschwindigkeitssensor zunutze.

Der Speicher der eTrex-Modelle (ausgenommen eTrex 10) kann durch eine microSD-Karte mit derzeit bis zu 8 GB erweitert werden, wovon jedoch nur bis max. 4GB Kartendaten vom Gerät gelesen werden können. Der Rest kann mit sonstigen Dateien (z.b. Track, Routen etc.) belegt werden. Zusätzlich bietet der Gerätespeicher selbst mit ca. 1,7 GB ebenfalls Raum für Aufzeichnungs- und Kartendaten.

Zum Lieferumfang gehört die plastisch dargestellte Basiskarte, die sich im Gerät befindet. Auf ihr sind nur Autobahnen, große Landstraßen, Städte als Punkt und große Gewässer dargestellt. Mit dieser Karte ist jedoch keine automatische Wegberechnung - also kein Routing - möglich.

Um sich von dem Gerät so navigieren lassen zu können wie man es aus dem Auto kennt, benötigt man routingfähiges Kartenmaterial. Dieses muss mit dem Gerät kompatibel und für die entsprechende automatische Berechnungsfunktion im Gerät (als Fußgänger, Fahrradfahrer etc.) programmiert sein.

Auf Deutsch: es sind also nur Karten von Garmin oder für Garmin umgewandelte Karten möglich. Man unterscheidet in drei

verschiedene Kartentypen

Für die eTrex-Modelle mit Kartendarstellung gibt nautische, topografische und Straßen-Karten. Letztere beinhalten alle asphaltierten Wege, zum Teil sogar auch stark frequentierte Schotterstraßen, aber auch unzählige nützliche Infos zu bestimmten Adressen – auch Points of Interest (POI) genannt – wie z.B. Sehenswürdigkeiten, Freizeitparks, Unterkünfte bis hin zu Krankenhäusern und dessen Notfallrufnummern. Diese

Straßenkarten können als DVD für die Installation am PC oder als vorprogrammierte microSD-Karte erworben werden. Die am PC installierten Kartendaten von der DVD bieten den Vorteil, dass man sich vor der geplanten Reise einen sehr guten Überblick am PC-Bildschirm verschaffen und komfortabel allerlei Möglichkeiten vorausplanen kann, ohne das Gerät mit dem PC koppeln zu müssen. Besitzt man weitere Karten-DVDs, können mehrere Karten gemeinsam in den eTrex oder dessen microSD-Karte übertragen werden. Diese DVDs sind lizenziert, d.h. meist nur auf 1 Computer und 1 GPS-Gerät verwendbar und müssen online freigeschaltet werden.

Die vorprogrammierten microSD-Karten hingegen sind sofort einsatzbereit und können in mehreren GPS-Geräten verwendet werden. Diese regional vorprogrammierten Datenträger sind mit dem gleichen Kartenmaterial wie die DVDs, aber auch als abgespeckte Varianten mit einem kleineren Abdeckungsraum zum kleineren Preis erhältlich. Eine Verwendung dieser Kartendaten am PC ist dann nur bei angeschlossenem GPS-Gerät mittels der „BaseCamp" Kartensoftware von Garmin möglich, mit der auf die im Gerät liegenden Kartendaten problemlos zugegriffen werden kann. Es ist allerdings auch möglich, die microSD-Karte in den im Lieferumfang enthaltenen Kartenadapter zu stecken und diesen wiederum in den Kartenleser am heimischen Rechner zu schieben, um die Kartendaten in BaseCamp verwenden zu können.

Garmin-Straßenkarten sind routingfähig, es ist also die automatische Berechnung zu einem Zielpunkt möglich.

topografische Karten – auch Freizeit- und Wanderkarten genannt – beinhalten Straßen, Wege und Steige, Gewässer, Vegetation, Geländeformen, Gipfel sowie zahlreiche POIs wie Hotels, Restaurants, Sehenswürdigkeiten, Berghütten etc… Auch mit diesen Karten ist es inzwischen möglich, den Weg zu einem gewählten Ziel vom Gerät berechnen zu lassen. So kann man z.B. mit den Karten: Topo Deutschland 2010, Topo Österreich V2, Garmin Transalpin und sonstigen neuen Karten seit 2010 die automatische Navigation = die „Routen"-Funktion nutzen.

➜ Jedoch ist hier die Nutzung im Auto mit Vorsicht zu genießen. Trotz der Einstellung der Bewegungsart „Auto" kann es vorkommen, wie z.B. in der Topo TransAlpin, dass die Routenberechnung immer den kürzeren Weg bevorzugt, ohne dabei die Straßenverkehrsordnung zu beachten. So kann es bei diesen Karten passieren, dass in Kreisverkehren links herum geführt wird und bei Autobahnabfahrten auch mal schnell die näher liegende Abfahrt zur Auffahrt angewiesen wird. ←

Auch diese Karten gibt es als DVD für die lizenzierte Benutzung am PC und als sofort einsatzbereite microSD-Karte für das GPS-Gerät. Ganz unterschiedlich sind einige Regionen nur als Set, andere wiederum entweder als DVD oder microSD-Karte erhältlich. Durch ihre detaillierte Darstellung decken diese Karten im Vergleich zu Straßenkarten einen wesentlich kleineren Teil ab, z.B. Nord-, Süd- oder maximal ganz Deutschland.

Die Optik von Garmin-Karten ist durch die Tatsache, dass es sich hierbei um Vektorkarten handelt, welche wesentlich weniger Speicherplatz benötigen sowie in allen Zoomstufen eine übersichtliche und scharfe Darstellung gewährleisten, etwas gewöhnungsbedürftig und der ein oder andere GPS-Nutzer mag vielleicht doch lieber das wanderkarten-typische Bild einer herkömmlichen Papierkarte vor Augen haben (abgesehen von den zerschundenen Faltkanten). Aus diesem Grund hat man mit der Dienstleistung BirdsEye Select die Möglichkeit, sich zum Preis von 20,- € bis zu 2.400 km² beliebige Kartenausschnitte eines Landes (bei Deutschlandkarten erhält man sogar bis zu 5.000 km²) per Onlineverbindung über den BirdEye-Assistenten in der PC Kartensoftware „BaseCamp" auszuwählen und ins GPS-Gerät zu laden. In Verbindung mit einer routingfähigen Vektorkarte im Gerät ist man dann in der Lage, die automatische Wegberechnung und die vertraute Optik einer Rasterkarte gleichzeitig zu nutzen.

Wer die Umgebung seiner geplanten Aktivität lieber aus der Vogelperspektive beobachten möchte, ist mit BirdsEye Satellite Imagery bestens bedient. Mit diesem Jahres-Abo zum Preis von 25 €, kann man sich die hochauflösenden Satellitenbilder in unbegrenzter Anzahl herunterladen und je nach Speicherplatz im eTrex bzw. dessen Speicherkarte ablegen, welche dann mit den bereits im Gerät liegenden Vektorkarten „verschmelzen". Man erhält eine realitätsgetreue Sicht aus der Vogelperspektive auf Straßen, Gelände und Gebäude, kann somit z.B. geeignete Parkplätze am Startpunkt einer Unternehmung ausfindig machen und trotzdem die automatische Berechnungsfunktion der Vektorkarte nutzen. Diese Dienstleistung aktivieren Sie ebenfalls über den Assistenten in der BaseCamp-Software (Extras > „BirdsEye-Bilder herunterladen"), der Sie zum Produkterwerb und dessen Beschreibung weiterleitet, wo Sie auch die Ansicht der aktuell verfügbaren Abdeckung finden. Das Abo ist, wie die meisten Garmin-Karten, an ein einziges Gerät gebunden. Auf die im eTrex abgespeicherten Satellitenbilder kann mittels der BaseCamp Software zugegriffen und somit am PC verwendet werden.

Normalerweise liegt sogar ein Demobild in Ihrem eTrex bereit. Zum Ansehen schalten Sie Ihren eTrex ein und navigieren mit dem beweglichen „Knopf" oberhalb des Displays (Thumb Stick) im Haupt-menü auf „Zieleingabe". Diese Kategorie rufen Sie nun durch einen senkrechten Druck auf den Thumb Stick auf. Angekommen in der Zieleingabe-kategorie wählen Sie „Wegpunkte" und sehen nach, ob sich hier der Wegpunkt „BirdsEye Demo" befindet. Wenn ja, rufen Sie diesen auf, worauf sich die Kartenansicht öffnet. Halten Sie die mittlere Taste ▼ an der linken Geräteseite gedrückt und vergrößern Sie somit die Kartenansicht solange, bis Sie das Satellitenbild gut ansehen können.

Mit dem Thumb Stick können Sie nun die Karte im Display hin- und herschie-ben. Wenn Sie alles gesehen haben, gelangen Sie durch einen Doppel-tastendruck auf „back" in das Hauptmenü zurück.

Abbildung 1-1
Wegpunkt in der Kartenansicht
mit einem BirdsEye Satellitenbild

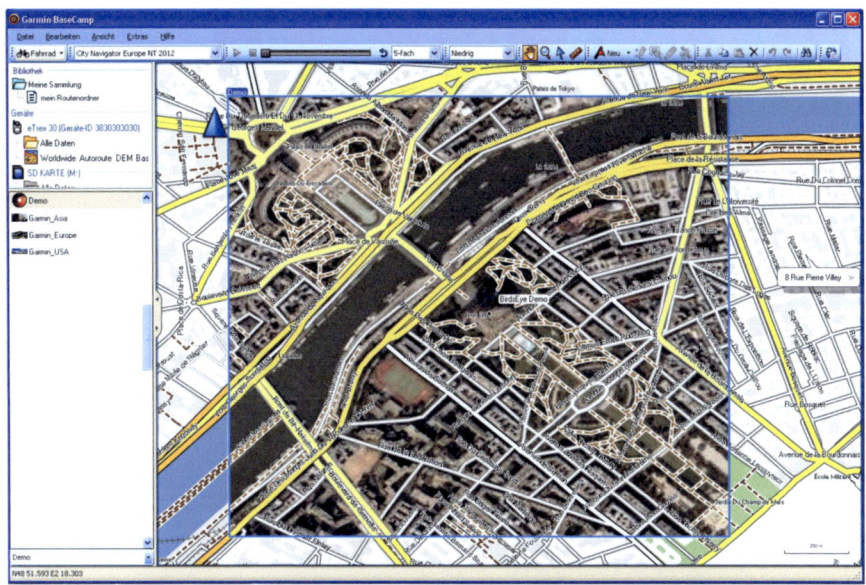

Abbildung 1-2 BaseCamp: mit Karten arbeiten, die im GPS-Gerät liegen: BirdsEye-Satellitenbild und routingfähige Straßenkarte

Zum Ansehen des Demo-Satellitenbildes am PC benötigen Sie die Kartensoftware „BaseCamp". Haben Sie diese bereits an Ihrem PC installiert, so schließen nun Ihren eTrex per USB-Kabel an selbigem an und öffnen Sie die besagte Software über Start > Programme > Garmin-Ordner. In BaseCamp klicken Sie mit der linken Maustaste auf das erkannte GPS-Gerät in der linken Spalte. Es sollte dort mit „eTrex (Geräte-ID...)" angezeigt werden. Klicken Sie anschließend das ⬤ „Demo"-Symbol in der unteren Objektliste doppelt an, so dass das Satellitenbild in der Kartenansicht zentriert dargestellt wird. Haben Sie nun z.B. des Weiteren bereits eine Garmin Straßenkarte am Rechner oder im Gerät installiert, wird das Satellitenbild von diesen Straßen überlagert.

Nun aber zurück zu den Kartentypen, denn mit der CustomMaps-Funktion gibt es eine weitere Möglichkeit, Garmin-fremdes Kartenmaterial im eTrex zu nutzen. Hierbei können selbst eingescannte oder von anderen diversen Quellen bezogene, lizenzfreie Karten mittels der kostenlosen GoogleEarth-Version georeferenziert werden (den Koordinaten zuweisen und ausrichten) und zu Garmin-verträglichen Karten umgewandelt werden. Das genaue Vorgehen wird im Kapitel 4 / „Arbeiten am PC" genauer beschrieben. Diese Funktion eignet sich besonders dann, wenn man eigene Lagepläne von Veranstaltungen im GPS-Gerät verwenden möchte. Für eine flächendeckende Nutzung ist dies jedoch eine viel zu mühselige und zeitraubende Variante, die in keinem Verhältnis zum Anschaffungs-preis einer hochauflösenden und routingfähigen Vektorkarte von Garmin steht. Notfalls ist es jedoch für Urlaubsregionen, für die es überhaupt noch kein Kartenmaterial für Garmin-Geräte gibt, immerhin eine Lösung.

Für die Suche bei fehlendem Kartenmaterial ist OpenStreetMap (OSM) sicher auch eine empfehlenswerte Adresse im Web. Hier handelt es sich um eine freie Weltkarte nach Wikipedia-Prinzip. Die Geodaten entspringen den freizeitlichen GPS-Aufzeichnungen, Abmessungen und Verwaltungen von weltweit emsig tätigen Hobbykartografen, die somit bereits ein eigenes Wegenetz über unseren Erdball gelegt haben. Das Kartenmaterial von OSM kann also am PC und im GPS-Gerät kostenlos genutzt, aber auch durch eigenes Mitwirken erweitert werden. Obwohl dieses System erst seit dem Jahre 2008 heranwächst, findet man beliebte Regionen und Ballungsgebiete schon in bester Qualität vor. Gerade für Urlaubsgebiete, von denen es noch keine digitalen Karten gibt, kann man hier oft schon eine Kartenhinterlegung für sein Garmin-Gerät finden. Die Karten zu den verschiedensten Geräten, Regionen und Nutzungsarten (MTB, Radwandern, Wandern etc…) stehen mitunter auf verschiedenen Portalen zum Download bereit, die auf den OSM-Seiten verlinkt sind und man bei der entsprechenden Kartenauswahl automatisch erreicht. Daher kann der Weg zum Download einer entsprechenden Karte jedes Mal ein anderer sein und verändert sich mit zunehmender Interessengemeinschaft unentwegt.

Für OSM-Neulinge ist auf alle Fälle der erste empfehlenswerte Schritt, auf der Hauptseite von www.openstreetmap.org in der linken Leiste auf „Dokumentation" zu klicken oder gleich den Direktlink: „http://wiki.openstreetmap.org/wiki/DE:Main_Page", in die Browserzeile einzutippen. Falls noch nicht geschehen, kann man die auf-tauchende Seite in der oberen Leiste in die eigene Sprache umstellen. Auf dieser Seite findet man dann den Wegweiser-Kasten, der ganz klar die ersten Schritte und Möglichkeiten bei OSM beschreibt. Möchten Sie also Karten im GPS-Gerät verwenden, klicken Sie auf „Anwender" und scrollen die aufgerufene Seite weit nach unten zu „Karten auf GPS Gerät verwenden". Dort wählen Sie den Link „Übersicht über verfügbare Karten".

Solch ein Kartendownload ist bei gut erfassten Gebieten meist eine sehr große Datei (oft 1 GB). Hierin ist auch oft eine Installations(.exe)-Datei enthalten, welche die Karte in die Garmin GPS-Software am PC einbaut. Sollte sich nach der Installation Ihre Garmin-Software jedoch nicht mehr öffnen lassen, entfernen Sie die OSM-Karte wieder mit der gleichen Installationsdatei, welche auch die Möglichkeit der Deinstallation beinhaltet. In diesem Fall verträgt sich vermutlich Ihre Softwareversion nicht mit der der OSM-Karte.

Bei OSM-Karten handelt es sich um Pixelkarten mit einem großen Speicherbedarf und einem hinterlegten „Vektorgerüst", mit dem letztendlich auch ein Garmin Gerät auf den eingetragenen Wegen eine Route zum Ziel berechnen/erstellen kann.

Nachteil zu Garmin-Karten: Ein integriertes Höhenprofil sucht man bei OSM-Karten vergeblich und die Berechnung von Höhendaten bei der Tourenplanung oder Routenstart ist nicht möglich. Auch die Sichtbarkeit der OSM-Kartenansicht im Gerätedisplay, vor allem in Ballungsgebieten, gestaltet sich besonders dann etwas anstrengender, wenn man sich eine Tracklinie anzeigen lässt, eine Route aktiviert hat oder beim Geocachen nach Wegpunkten sucht. Dann muss man bei den vielen, nicht ausblendbaren Details schon sehr genau hinsehen, um die eigenen Markierungen wiederzufinden.

Natürlich können auch

nautische Karten wie z.B. Garmin´s „BlueChart g2" in den eTrex-Modellen mit Speicherkarten-Steckfach mittels vorprogrammierter microSD-Karte genutzt werden. Diese Karten beinhalten z.B. realistische Navigationsfunktionen, nautische Navigationshilfen, wie

Strömungen, IALA-Kartensymbole, Marine-POIs, Seezeichen, Wracks und Hindernisse, verbotene Bereiche, beschränkte Zufahrtsbereiche, Ankerplätze, Hafenpläne, Einstellung für die sichere Tiefe, zwei verschiedene Navigationsperspektiven, Tiefen- und Küstenlinien sowie Gezeitenstände und einiges mehr.

Somit dürften Sie wohl die derzeit größte Auswahl haben, Kartenmaterial auf Ihrem GPS-Gerät zu verwenden. Sie können sich also ganz nach dem eigenen Geschmack die entsprechende Kartendarstellung auswählen.

Für das Betreiben Ihres eTrex ist Kartenmaterial allerdings nicht zwingend notwendig. Die Darstellung und Aufzeichnung Ihrer Reisedaten sind reine GPS-Daten und von keiner Karte abhängig. Ebenso kann man sich z.b. einen Track vom Bekannten oder aus dem Internet in das Gerät laden und dieser im Display sichtbaren Linie selbstständig folgen. Anhand der Darstellung der eigenen Position auf dem Bildschirm muss man nun einfach selbst aufpassen, dass man sich von der Linie nicht entfernt. Wer darin gut geübt ist, hat vielleicht mit dieser Situation keinerlei Probleme, bzw. beim eTrex10 (ohne Kartendarstellung) gar keine andere Wahl. Allerdings ist es schon von sehr großem Vorteil, wenn man z.B. an einer nahezu parallel auseinander laufenden Weggabelung anhand der darunter liegenden Kartendarstellung im Voraus sehen kann, ob die Linie auf dem linken oder rechten Abzweig weiterläuft.

Ohne Kartenhinterlegung hat man in diesem Fall nur eine 50/50%-Chance, sich für den richtigen Weg zu entscheiden. Entweder sieht man dann auf dem Display, dass man sich weiterhin auf der Linie bewegt oder man stellt nach 50 m oder erst später fest, dass es der falsche Weg ist.

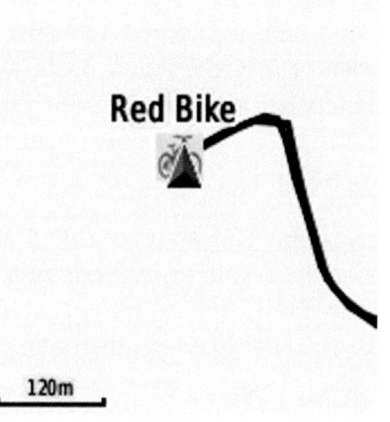

Abbildung 1-3
Kartenansicht: Basiskarte mit
einem geladenen Track und
Wegpunkt „Red Bike"

Ist nur die <u>Basiskarte</u>, also keine genauere Karte im Gerät installiert, bleibt das Gerätedisplay so ziemlich leer, sobald man in die Kartenansicht unterhalb der 2km-Darstellung hineinzoomt. Dem Startversuch einer automatischen Navigation zu einem gewählten Zielpunkt folgt dann nur die Display-Meldung: „Routenberechnungsfehler. Keine routingfähigen Strassen in diesem Gebiet...". Die Route wird gar nicht, bestenfalls nur als Luftlinie dargestellt.

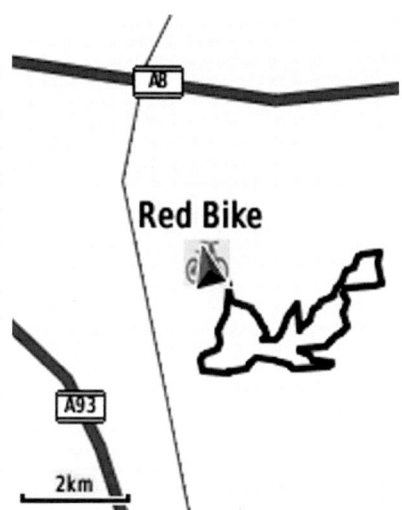

Haben Sie Ihren eTrex 20 oder ...30 mit der Downloadoption erworben „Topo Deutschland Light", wodurch Sie sich einen beliebigen Ausschnitt der Topografischen Deutschlandkarte auf Ihr Gerät laden konnten? Wenn ja, dann sind Sie bereits im Besitz einer routingfähigen Karte, mit der Sie sich sofort zu einem gewählten Zielpunkt navigieren lassen können. Vergessen Sie jedoch nicht, dass dessen Gebietsgrenzen schnell erreicht sind und eine gestartete Navigation außerhalb des Abdeckungsbereiches dieser Karte nur noch als Luftlinie zum Ziel weiterführt.

Um weiteres routingfähiges Kartenmaterial im eTrex zu nutzen, können Sie zum einen die sofort einsatzbereiten, vorprogrammierten microSD-Karten verwenden. Karte ins Gerät stecken (im Batteriefach, unter dem Batterien) und los. Wer nicht im Grenzgebiet wohnt und auch nur eine Karte verwendet, mag mit den vorprogrammierten microSD-Karten wohl ganz glücklich sein. Bewegt man sich jedoch oft im Grenzgebiet, müsste man dabei die SD-Karte des einen Landes ständig mit der des anderen Landes wechseln, wohl eine eher unerträgliche Situation.

Bei der Version der Kartendaten von DVD für die Installation am PC hat man mit der dazugehörigen PC-Kartenbearbeitungssoftware (z.B. „BaseCamp") die Möglichkeit, die Karte (auch mehrere gleichzeitig) mittels <u>einem</u> „Karten installieren"–Vorgangs zum Gerät zu übertragen. Es können die jeweiligen Karten im Gesamten oder als einzelne Kartenteile gesendet werden. Somit kann man im Gerät mit den Karten regionsübergreifend arbeiten: Wenn man die Kartengrenze überschreitet, an der z.b. die deutsche Karte zu Ende ist, wird das Display sofort mit der nächsten, z.b. der angrenzenden österreichischen Karte, aufgefüllt.

GPS-Software: MapSource oder BaseCamp ?

Das Kartenbearbeitungsprogramm „MapSource" (bei Straßenkarten) oder „BaseCamp" (bei Topo-Karten) befindet sich im Lieferumfang der Garmin Karten-DVD und installiert sich gleichzeitig mit den Kartendaten am heimischen Computer. Schafft man sich weitere Garmin-Karten an, werden diese nach der Installation im bestehenden Programm gemeinsam verwaltet. Welche Software Sie verwenden, bleibt Ihnen überlassen. Haben Sie eine Karte mit der BaseCamp-Software am Rechner installiert, können Sie sich das Update zum MapSource-Programm von der Garmin-Downloadseite herunterladen und verfügen nach der Installation über die Vollversion von MapSource. Das BaseCamp-Programm liegt generell als Vollversion zum kostenlosen Download bereit (www.garmin.de > Extras > Downloads). Ihre bereits am Rechner installierten Garmin-Karten werden in der jeweils anderen Software automatisch eingebunden.

„MapSource" ist die seit eh und je verwendete GPS-Kartensoftware von Garmin, welche sich auch weiterhin im Lieferumfang der Straßenkarten-DVDs befindet. Sie ist sehr übersichtlich gestaltet, ermöglicht GPS-Neulingen den wohl besseren Überblick, kann jedoch mit den Geräten der eTrex-Serie schlecht bis überhaupt nicht kommunizieren. Daher wird das Verwenden der neueren Software empfohlen:

„BaseCamp" wurde 2009 mit dem Erscheinen der neuen GPS Outdoorgeräte entwickelt, was dessen neue Datenstruktur notwendig machte. Im bisherigen Text werden Sie nun schon einige Male über diesen Namen gestolpert sein, da es inzwischen zu einem sehr umfangreichen GPS-Programm gewachsen ist, womit man wesentlich flexibler und komfortabler arbeiten kann - gerade wenn es um

Outdoor-Anwendungen und somit um Ihren eTrex geht. Mit BaseCamp erhält man, neben den herkömmlichen Erstell- und Zeichnungsfunktionen in der 2D-Ansicht, den wesentlich besseren Geländeüberblick in der 3D-Ansicht, kann den gezeichneten oder aus dem GPS-Gerät ausgelesenen Track virtuell abfliegen und erfährt viele Höhendetails zur Tour.

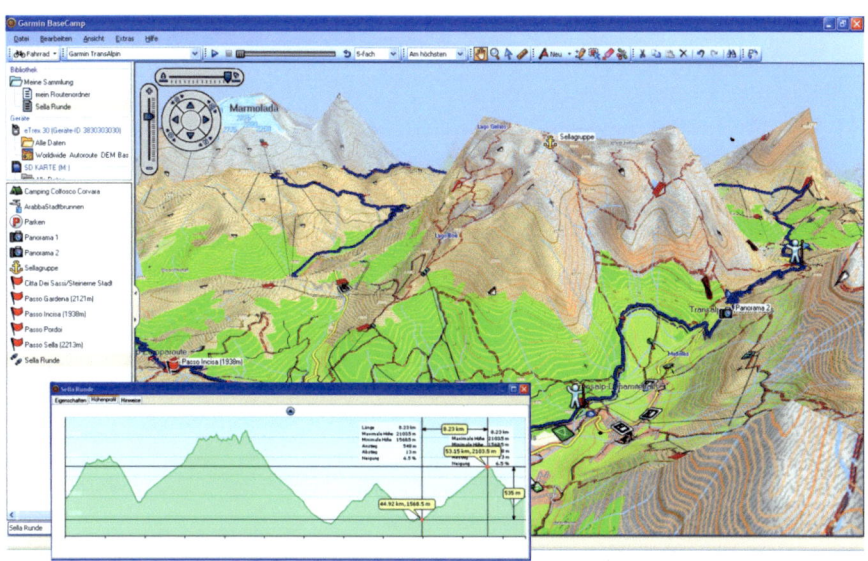

Abbildung 1-4 BaseCamp Kartensoftware mit Topo TransAlpin und Track in der 3D-Ansicht mit Höhenprofil

Mittels BaseCamp ist es Ihnen überlassen, ob Sie auf Ihrer Festplatte am PC arbeiten oder bei angeschlossenem eTrex in dessen Geräte-Speicher. Mittels BaseCamp können Sie also Kartendaten, die im GPS-Gerät liegen, genauso nutzen wie wenn Sie diese von DVD an Ihrem PC installiert hätten. Da Garmin-Karten meist eine Lizenz für nur 1 PC beinhalten, können Sie so die BaseCamp-Software auf x-beliebigen weiteren Rechner installieren und dadurch auf die Kartendaten auf Ihren angeschlossenen eTrex zugreifen. Sicher im nächsten Urlaub interessant, wo man so auch am Netbook noch ein paar Tourplanungen oder -Änderungen vornehmen kann.

Ebenso ist das Verwalten und Bearbeiten von Geocaches sowie das Einbinden von georeferenzierten Fotos in BaseCamp möglich. Verwenden Sie Ihren eTrex mit Puls- und/oder Trittfrequenzsensor, so werden diese Aufzeichnungen als Liniengrafik in der Höhenprofil-grafik dargestellt.

Wer diese Fitnesswerte jedoch bis ins kleinste Detail analysieren möchte, der lädt sich besser das Garmin TrainingCenter von www.garmin.de > Extras > Downloads herunter und öffnet darin die GPX-Aufzeichnung der gewünschten Tour.

Aber auch die kostenlose Onlineplattform GarminConnect können Sie nutzen, um sämtliche GPS- und Fitness-Daten aus dem eTrex auslesen zu lassen, diese dort auszuwerten und wenn gewünscht, die aufgezeichnete Tour zu veröffentlichen. Zu beiden Auswertungs-programmen später mehr (Kapitel4/"Trackaufz. am PC auswerten").

Doch schneller als erwartet, stecken wir schon inmitten dieser GPS-typischen Fachbegriffe. Daher müssen wir zu allererst einmal klären: Was ist was?

Routen und Tracks

Wie also soeben schon einige Male angesprochen, handelt es sich bei Routen um den automatisch berechneten Weg zum Ziel (auch Autorouting genannt). Also genau das Gleiche wie man es vom Auto-navi kennt.

Abbildung 1-5

Kartenansicht | Aktive Routenansicht |Vorschau einer Abbiegung

Diese Art der Navigation wählt man, wenn das Ziel wichtig, der Weg dorthin zweitrangig oder sogar ganz egal ist. Eine Route dient dazu, um unterwegs und ganz spontan ein Ziel im eTrex aufzurufen und den Weg dorthin vom Gerät automatisch errechnen zu lassen. Man hat allerdings nur begrenzte Möglichkeiten, auf die Wegführung Einfluss zu nehmen. Durch die Auswahl der Fortbewegungsart wie z.b. als Kfz, Fahrradfahrer oder Fußgänger sowie einigen detaillierten Vermeidungswünschen kann die Route jedoch ganz gut den eigenen Vorstellungen angepasst werden.

Hat man hingegen konkrete Vorstellungen, welche Wege zum Ziel benutzt werden sollen oder sogar eine Tourenbeschreibung vorliegen, dann ist die Navigation anhand eines Tracks die eindeutig bessere Entscheidung.

Ein Track ist die Linie, die ein GPS-Gerät durch die Fortbewegung automatisch Punkt für Punkt aufzeichnet. Ein Track lässt sich aber auch zur Orientierung beim wiederholten Abfahren/ Ablaufen verwenden.

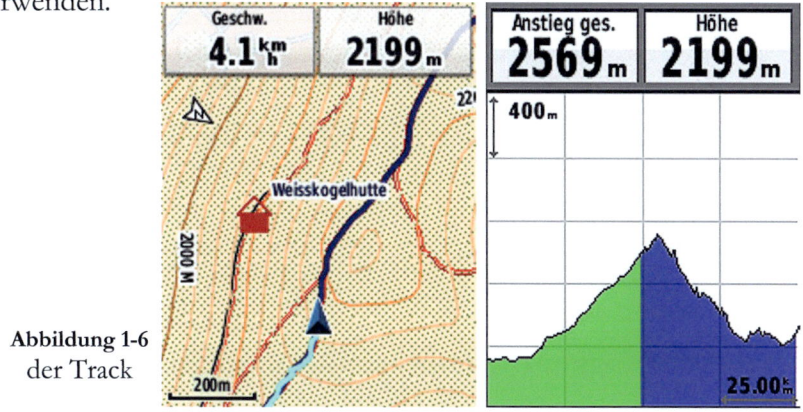

Abbildung 1-6
der Track

normale Kartenansicht, während der Bewegung

Höhenprofilansicht mit dem bereits aufgezeichneten (grün) und dem noch bevorstehenden Höhenprofil (blau).

Es sind also diese sagenumwobenen „Brotkrümelspuren", die man durch das Fallenlassen einzelner Brotkrümel als Wegmarkierung erzeugt hätte. Diese Brotkrümel stellen Punkte dar (Trackpunkte), welche automatisch miteinander verbunden werden und die Linie der Fortbewegung ergeben. Also die Tracklinie, kurz: der Track. Ein Track einer 80km MTB-Tour beispielsweise besteht aus etwa 3.000 Trackpunkten (bei „normaler" Einstellung der Aufzeichnung).

Tracks sind aber nicht nur Aufzeichnungen von GPS-Geräten, sondern können auch am PC in einer GPS-Karte gezeichnet werden.

Möchte man einen Track zur Navigation nutzen, muss man diesen vor Reiseantritt in das Gerät laden. Entweder ist das also die Aufzeichnung einer Tour, die man selbst schon einmal mit dem GPS-Gerät gegangen/gefahren ist, von einem Bekannten oder aus dem Internet bezogen oder am Computer gezeichnet hat. Man kann einen Track also nicht vor Tourstart im Gerät erzeugen, um zu einem bestimmten Ziel zu finden.

Ein Track eignet sich besonders dann zur Navigation, wenn sich keine routingfähige Karte im Gerät befindet, wenn die Tour als Rundkurs verläuft (typisch bei Fahrradtouren) oder wenn man eben selbst genaue Vorstellungen hat, welche Wege benutzt werden sollen, wobei also der Weg das Ziel ist (z.B. Transalp).

Routen und Tracks sind also zwei total unterschiedliche Arten der Navigation. In der BaseCamp-Kartensoftware am PC kann man diese Beiden durch die verschiedenen vorangestellten Symbole vor dem Namen gut auseinander halten. In MapSource hingegen werden die verschiedenen Objekte in eigenen Registerfenstern verwaltet.

Trackpunkte, Wegpunkte, Zwischenziele und POIs

Die Punkte (die Brotkrumen) aus denen ein Track besteht, nennt man Trackpunkte. Diese werden vom GPS-Gerät automatisch gesetzt. Wenn man einen Track am PC zeichnet, so sind es die Mausklicks, die diese Trackpunkte erzeugen, welche miteinander verbunden die Tracklinie -also den Track- bilden. Trackpunkten kann man keine Zusatzinformationen anhängen, wie z.B. Fotos, Hinweise, Symbole etc.

Wegpunkte sind besondere Punkte, die man unterwegs durch das Aufrufen der „Wegpunkt"-Kategorie (im Hauptmenü) oder durch langes nach unten drücken des Thumb Sticks abspeichern kann, weil man an dieser Stelle z.B. einen sehr schönen Ausblick entdeckt hatte. Es sind eben einfach besondere Punkte, die man sich zusätzlich merken möchte. Auch in der Software am PC kann man sich Wegpunkte erstellen, im GPX-Format abspeichern und an das Gerät senden. Das hat den Vorteil, dass man diesen Wegpunkt im Gerät schnellstmöglich aufrufen und die automatische Navigation – das Routing – zu diesem Punkt starten kann. Man erspart sich das auf alle Fälle länger dauernde Suchen in den Zieleingabeoptionen oder gar die buchstäbliche Eingabe einer Adresse. Wegpunkten kann man des Weiteren am PC umfangreiche Informationen anhängen, wie z.B. eine kurze Beschreibung, Weblinks, Fotos…etc.

POI (Points of Interest) ist eine bestehende Sammlung solcher interessanten Wegpunkte, die der Befriedigung des täglichen Bedarfs dienen oder Anlaufstellen in dringenden Fällen sind.

Diese sind in den Karten von Garmin enthalten oder können als POI-Sammlung z.B. von www.garmin.de > Extras > POIs oder diversen Portalen wie www.poi.gps-data-team.com und www.pointoo.de kostenlos herunter geladen werden.

Abbildung 1-7 Zieleingabe-Untermenü;
Befindet sich die Topo TransAlpin im Gerät, lassen sich unter Unterkunft > Urlaubsort > die Berghütten der Umgebung auflisten.

Im eTrex sind POIs im Hauptmenü in der Kategorie „Zieleingabe" in eigenen Untergruppen zu finden, wie z.B. Krankenhäuser, Tankstellen,

Essen u. Trinken, Einkaufsmöglichkeiten, Unterhaltung usw. In der Zieleingabe-Kategorie sind aber auch alle anderen Kategorien zu finden, die navigationstaugliche Objekte beinhalten, wie z.B. Wegpunkte, gespeicherte Tracks, Routen und Fotos mit GPS-Informationen.

Am PC, in Garmin´s BaseCamp, sucht man mit dem Fernglas-Button und den Prioritäten in der eingeblendeten „Suchen"-Zeile nach den POIs.

Zwischenziele finden nur bei Routen Verwendung. Es sind die Punkte, die auf dem Weg zum Ziel angefahren werden sollen, weil man nicht den direkten Weg wünscht.

Geocaching, Wherigo

Eine immer größere Fangemeinde bildet sich zum Thema des Geocachings, einer modernen Schatzsuche mit dem GPS. Die vermeintlichen Schätze haben hierbei eher Symbolcharakter. Zu finden gibt es hier lediglich eine wetterfeste Schachtel mit Inhalt oder verschlüsselte Rätselaufgaben. Die Faszination kann ganz unterschiedlich sein. Der eine mag beim Wandern mit der Familie von einem kleinen Schatz überrascht werden, wobei es dann „nur" nach der direkten Suche anhand der Koordinaten geht. Während sich andere den ganzen Tag auf die Jagd nach Caches begeben. Diese können nämlich nicht nur dauerhafte Verstecke, sondern auch kurzzeitige vorübergehende Verstecke sein und daraus ein ganz eigenes Schnelligkeits-Event gestalten. Jeder ist also in der Lage, im Gelände Aufgaben an Leute zu verteilen, die er gar nicht kennt, raffinierte Rätsel auszulegen, die durch die Kombination von mehreren Verstecken und kniffliger Aufgaben in ihrer Schwierigkeit kaum Grenzen haben. So können auch z.B. Münzen im Versteck platziert werden, die der nächste Finder mitnehmen, im Internet registrieren und in einem nächsten Versteck wieder platzieren soll. Somit kann diese Münze kontrolliert um die Erde wandern.

Eine deutsche Plattform für diese „Spielchen" in all ihrer Vielfalt ist www.opencaching.de (unterstützt vom Verein „Deutsche Wanderjugend"). Hier kann man ganz ohne Registrierung nach Schätzen in seiner Gegend suchen, um mal ganz vorsichtig in dieses Hobby hinein zu schnuppern. Beim Verstecken eines eigenen Caches ist man in diesem Portal um einiges freier als in anderen, da man hier die wesentlich raffinierteren Cachetypen veröffentlichen kann, wie z.b. virtuelle Caches, bei denen nicht nach einem versteckten Behälter, sondern nach einem Code gesucht werden muss. Unser dort gelisteter Rätselcache „go to the yellow mountains" ist einer dieser virtuellen Caches. Die Beschreibung, was zu tun ist und den kostenlosen Download der gesamten Cache-Datei für eine korrekte Anzeige im eTrex finden Sie aktuell nur auf unserer Webseite www.geocache.red-bike.de . Testen Sie ruhig einmal die Funktionen in Ihrem GPS-Gerät sowie in BaseCamp.

➜ Zur Info: Für einen korrekten Download verpacken wir alle GPS-Dateien als ZIP-Datei. Nach dem Download dürfen Sie also nicht vergessen, diese erst einmal zu entpacken (zu extrahieren: Kontextmenü rechte Maustaste), bevor Sie diese in den GPX-Ordner im GPS legen. ⬅

Die in unserem Download befindlichen 3 Geocaches sind als 3 einzelne GPX-Dateien angelegt, die Sie in Ihren GPX-Ordner in Ihren eTrex „Garmin"-Gerätespeicherordner kopieren, sobald Sie das Gerät per USB-Kabel an Ihren PC angeschlossen haben. Ihr eTrex kann diese Dateien als Geocaches identifizieren, so dass Sie die Caches im Gerät in der Kategorie „Geocaches", im Hauptmenü, finden werden. Rufen Sie einen Cache auf und starten Sie die Navigation dorthin durch Anklicken der „Go"-Schaltfläche. Suchen Sie an allen 3 Orten nach den 3 versteckten Lösungscodes und nehmen Sie damit an unserem kleinen Online-Spielchen teil. Nach erfolgreicher Teilnahme winkt ein Registrierungs-Code, mit dem Sie sich in dem zuvor genannten deutschen Geocache-Portal als einer der wenigen erfolgreichen Finder eintragen können. Wir wünschen viel Spaß!

Ein weiteres weltweites und vollkommen kostenloses Geocache-Portal (in deutscher Sprache), welches derzeit (Anfang 2012) zwar noch im Aufbau ist, aber genau wie andere auch in Kürze sicher gut gefüllt sein wird ist www.opencaching.com. Zu diesem Portal gelangen Sie auch, wenn Sie in Ihrem Garmin-Benutzerkonto auf „myExtras" > „Geocaching!" klicken.

Bei dem amerikanischen Geocache-Original www.geocaching.com hingegen muss man sich zumindest ein kostenloses Benutzerkonto erstellen, um zur Übersichtskarte mit den versteckten Schätzen zu gelangen. Als kostenloser Nutzer kann man einige Services nicht nutzen, z.B. das papierlose Geocachen. D.h. die genaue Beschreibung zum Cache etc. wird nicht mit zum Gerät übertragen. Diese müsste man sich also ausdrucken und ins Gelände mitnehmen.

Wurde der Cache in dem jeweiligen Portal korrekt angelegt und haben Sie diesen nun an Ihren eTrex gesendet, sollte er nun im Hauptmenü in der Kategorie „Geocaches" zu finden sein. Klicken Sie dort einen Cache an, so öffnen sich dessen Eigenschaften mit den Infos zum Schwierigkeitsgrad, den Koordinaten und der Beschreibung des Besitzers sowie den Kommentaren von anderen Geocachern, die den Schatz bereits „gehoben" haben. Ist bei der Angabe „Size:" ein Fragezeichen zu finden, so ist die Größe der zu suchenden „Schatz-truhe" unbekannt und weist auf einen virtuellen Cache hin.

Abbildung 1-8
Cache mit seinen Eigenschaften

An dessen Koordinaten braucht man nun also nicht nach einer versteckten Plastikdose zu suchen, sondern muss auf einem dort vorhandenen Gegenstand (z.B. Auskunftstafel) einen bestimmten Code ermitteln. Mit „Go" kann man die Routenberechnung zu diesem Punkt starten.

Für die Nutzung zum Geocachen ist im eTrex bereits ein eigenes Profil (Hauptmenü > Profiländerung) vorbereitet, welches Sie nutzen um hier Ihre bevorzugten Einstellungen speziell für dieses Hobby wählen zu können, ohne die Einstellungen für Ihre anderen Aktivitäten ständig abändern zu müssen. Besonders sinnvoll ist dabei in der Kartenansicht, die zusätzliche Anzeige „Geocaching". Somit sind die Karte, der 3-Achsen-Kompass und der nächste Cache mit Entfernung und Richtungsanzeige auf einen Blick sichtbar.

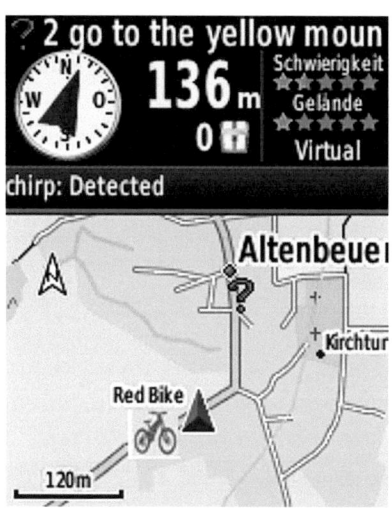

Abbildung 1-9 Kartenansicht mit zusätzlicher Anzeige "Geocaching"

Bei Caches, die eine intensivere Suche vor Ort erfordern, kann jedoch die Anzeige der Positionskoordinaten wesentlich hilfreicher sein. Entscheiden Sie selbst! Zum Einrichten der Kartenansicht drücken Sie (während der Kartenansicht) den „menu"-Button an der linken Geräteseite und wählen aus dem erscheinenden Menü „Karte einrichten". Anschließend navigieren Sie in die Zeile „Datenfelder" und können diese ganz nach Belieben einrichten, z.B. „Grosses Datenfeld", um darin im nächsten Schritt das Positionsformat aufzurufen oder „Anzeige", um die Details zum „Geocaching" auf die Karte zu zaubern. Kehren Sie dann mit einem Druck auf die „back"-Taste (auf der rechten Geräteseite) in die Kartenansicht zurück.

Das Geocaching schult den Umgang mit dem GPS und das Arbeiten mit Koordinaten das Zahlengedächtnis. Eine tolle Sache um Tage, die wetterbedingt zu keinen großen Unternehmungen taugen, aber auch zu schade sind, hobbyfrei herum zu lümmeln, trotzdem für einen Spaß im Gelände zu nutzen. Wobei in Städten und Ballungsgebieten die zentralisiert suchende Menschenmenge leider auch ungewollt sämtliche Parkanlagen niedertrampelt und daher in diesen Lebenslagen solche Aktionen nicht so sinnvoll sind, kann man auf dem Land diese Tätigkeit schon eher naturverträglich ausüben.

Um bei der Suche nach eventuell nicht mehr vorhandenen Schätzen das Gelände ringsum nicht unnütz flach zu walzen, wurde von Garmin der „Chirp" entwickelt. Dies ist ein kleiner Sender, der am Cachebehälter befestigt wird, um so dem Suchenden mit einem ANT+-kompatiblen GPS-Gerät in einem Umkreis von 10 Metern mitzuteilen, dass der Schatz noch existiert und sich in der Nähe befindet. Der Chirp ist passwortgeschützt und kann vom Besitzer mit Koordinaten und Hinweisen frei programmiert werden.

Als eine Steigerung dieser neumodernen Schatzsuche hat sich Wherigo entwickelt. Es ist eine Kopplung aus den Kulissen der realen Welt und Spielbrett zum interaktiven Abenteuerspiel. Man folgt dabei den Anweisungen des GPS-Gerätes und muss so allerlei Rätsel lösen, um das beschriebene Ziel/den Schatz zu finden (nur mit Garmin Oregon-Modellen oder Handy möglich).

Fototagging

Das Fototagging ist eine weitere Art, anhand der GPS-Navigation seine Unternehmungen und Erlebnisse besser in Erinnerung zu behalten und für die Ewigkeit abzuspeichern.

Spezielle Fotokameras mit GPS Funktion bzw. Anschlussoption für GPS-Empfänger können Fotos automatisch georeferenzieren, d.h. mit den Koordinaten des Aufnahmeortes versehen. Diese Datenergänzung ermöglicht es nach der Tour am PC mittels der BaseCamp-Software die Aufnahmeorte mit den Fotos auf dem vom GPS-Gerät aufgezeichneten Track darzustellen. Dazu klickt man in BaseCamp den Track mit der rechten Maustaste an und wählt aus dem Mause-Kontextmenü die Aufgabe „Fotos mithilfe von Track Geo-Tags hinzufügen", um den Ordner aufzurufen, in dem die dazugehörigen Fotos aus der GPS-Kamera liegen und lässt die Wegpunkte dazu erstellen. Die Fotos sind dann Wegpunkte auf dem Track, die beliebig benannt und mit weiteren Informationen versehen werden können.

Ein Track, dem Wegpunkte mit Fotos zugewiesen wurden, muss zur Archivierung im PC im Garmin-eigenen Datei-Format „GDB" abge-speichert werden. Nur so können alle Objekte und Verknüpfungen zu

Bildern in einer Datei abgespeichert werden. Für die Verwendung in Ihrem eTrex hingegen müssen der Track und die Fotos separat abgespeichert werden. Denn Tracks werden im GPX-Format und Fotos im JPEG-Bildformat verwendet. Dafür befinden sich der GPX- und der JPEG-Ordner in Ihrem eTrex-Gerätespeicher.

Aber auch als Besitzer einer herkömmlichen Kamera (ganz ohne GPS) können Sie Ihre Fotos georeferenzieren (siehe Kap.4/"Fotos georeferenzieren") und diese somit in Ihrem eTrex20 und …30 zur Fotonavigation nutzen.

Abbildung 1-10
BaseCamp
georeferenzierte Fotos

Koordinatensystem

Für die GPS-Navigation wird das Kartendatum (Bezugssystem) WGS84 und der Kartensphäroid (Ellipsoid) WGS84 verwendet.

WGS84 (World Geodetic Systems 1984) ist die geodätische Grundlage des GPS-Systems, der Vermessung der Erde und ihrer Objekte mit NAVSTAR-Satelliten.

Um nun einen bestimmten Punkt auf der Erde benennen zu können, benötigt man ein System, welches die exakte Entfernung in Breite und Länge zu einem bestimmten Punkt angibt. Dafür wurde ein Netz über die Erde gelegt (das Koordinatengitter), wobei der Äquator mit 0° der Ausgangspunkt für die Zählung in nördlicher und südlicher Breite und der durch den Londoner Stadtteil „Greenwich" verlaufende Meridian den Nullwert und die Bezeichnung „Nullmeridian" für die Zählung in westlicher und östlicher Länge erhält. Nun kann also der winzigste Punkt auf der Erde exakt numerisch bezeichnet, also mit Koordinaten betitelt werden.

Jedoch existieren hierfür eine Vielzahl nationaler Netze/Gitter, wie z.B. das deutsche Gauß-Krüger-Gitter mit dem Kartenbezugssystem „Potsdam" und dem Ellipsoid „Bessel1841", das österreichische Gitter mit dem Bezugssystem „Austria" und „Bessel1841", das schwedische Gitter mit „RT90" und vielen mehr.

Damit eine weltweite Verständigung möglich ist, arbeiten Rettungsdienste, Polizei, Feuerwehr, Katastrophenschutz, sonstige Hilfsorganisationen sowie die Vermessung selbst mit dem UTM-Koordinatengitter mit dem geodätischen Datum und Bezugspunkt WGS84.

Das UTM-Koordinatensystem (Universal Transverse Mercator) wurde 1947 von den Streitkräften der Vereinigten Staaten entwickelt. Im Rahmen der Internationalisierung verdrängt es immer mehr die einzelnen nationalen Koordinatensysteme. So wird wohl eines Tages in den amtlichen deutschen topografischen Karten das Gauß-Krüger-

Koordinatensystem vom UTM-Koordinatensystem auf Basis des Bezugsellipsoiden WGS84 gänzlich ersetzt worden sein.

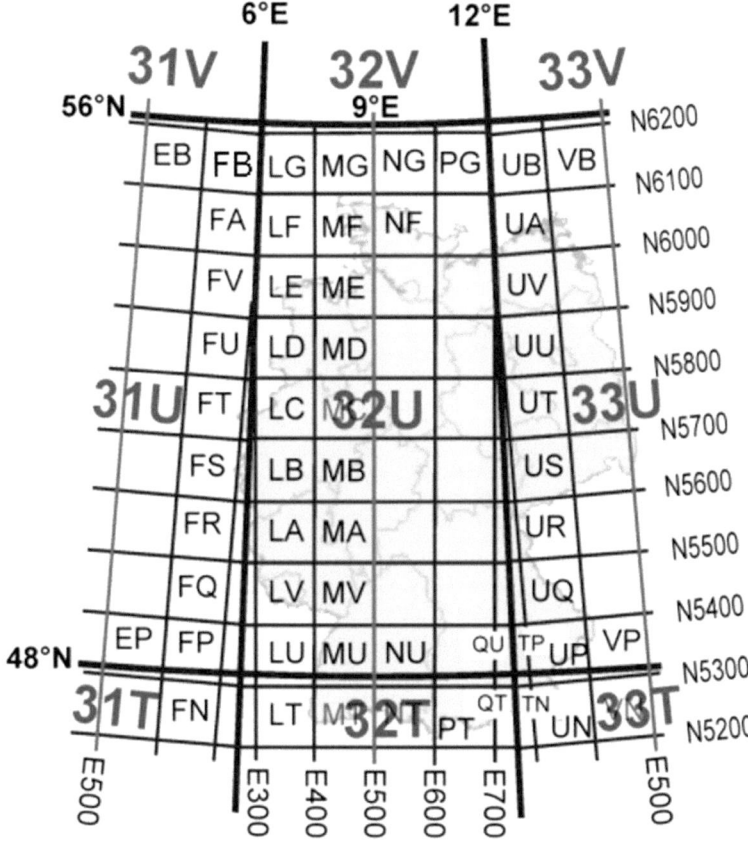

Abbildung 1-11 Quelle: WIKIPEDIA UTM-Zonenfelder, Bsp. Deutschland

Bei der Darstellung der Koordinaten im UTM-Format ist die Benennung planquadratorientiert. Diese wird in Metern ausgedrückt. Das Format beginnt immer mit einer ein- oder zweistelligen Zahl und dahinter einem Buchstaben, der die UTM-Zone repräsentiert.

Die danach folgende obere bzw. erste Zahlenreihe gibt die Messung für die West-Ost Position innerhalb der Zone in Metern an. Dieser Wert wird also „Rechtswert" genannt (engl. "Easting").

Die untere bzw. zweite Zahlenreihe gibt die Messung für die Süd-Nord Position ausgehend vom Äquator in Metern an. Dieses ist der Hochwert (engl. „Northing"). Um auf der Südhälfte keine negativen Positionsangaben zu erhalten, wird dem Äquator der Wert 10 000 000 Meter zugewiesen.

Merke zur Anordnung der 2 Zahlenreihen im UTM-Format:
Merke: „ran an den Baum, hoch auf den Baum."

Beispiel Positionsformat:

eTrex Hauptmenü > Einstellung > Positionsformat > „UTM/UPS" (UPS für das in der Region der Erdpole verwendete System). Es sollte ebenfalls automatisch das Kartenbezugssystem und der Kartensphäroid WGS84 erscheinen. Falls nicht, diese unbedingt auswählen!

Der Wegpunkt Red Bike, 83115 Neubeuern mit den Koordinaten

33 T 0286288
     5295442

befindet sich im Zonenfeld 33T,   286,288 km in östlicher Richtung und 5.295,442 km in nördlicher Richtung. Die Position kann also mit einer Genauigkeit auf 1 m beschrieben werden.

Positionsformat in Grad:

eTrex Hauptmenü > Einstellung > Positionsformat > „hddd.mm.mmm' " (Grad und Dezimalminuten), Kartenbezugssystem und der Kartensphäroid WGS84.

Die Wegpunktkoordinaten für Red Bike in 83115 Neubeuern lauten nun

N 47°46.612'
E 12°08.833'

Als Darstellungsformat der Koordinaten können auch diese angewählt werden:

- hddd°mm'ss.s'' = Grad Minuten Sekunden

oder

- hddd.ddddd° = nur Grad .

Merke: Sobald in den Einstellungen das Kartenbezugssystem und der Kartensphäroid WGS84 eingestellt sind, verläuft die GPS-Navigation mit Garmin-Karten korrekt.

Das Format der Darstellung, ob in Metern oder Grad, liegt im Ermessen des Geräte-Nutzers. Meist entscheidend ist die Weiterverarbeitung von Wegpunkten mit diversen GPS-Programmen am Computer, wo Sie Ihre bestimmte Einstellung bevorzugen oder es der Abgleichung zu der verwendeten Wanderkarte dient. Denn zum jetzigen Zeitpunkt kann keine Aussage darüber getroffen werden, welcher Kartenhersteller welche Gitterbezeichnung in seiner Karte verwendet/hervorhebt. Oft ist sogar beides vorhanden.

Achtung: in Verbindung mit dem in der Wanderkarte verwendeten Koordinatensystem können also auch verschiedene Kartenbezugs-systeme verwendet worden sein, wie z.B. RT90, Rome1940, Potsdam, NAD27… Das ist der Legende der Karte zu entnehmen und im eTrex dementsprechend einzustellen, wenn man das Gerät auf diese Karte abgleichen möchte. Neuere Karten, wie alle Garmin-Karten, verwenden WGS84.

Nordreferenz / Missweisung (Deklination)

Das sich stetig ändernde Magnetfeld unserer Erde und die daraus entstehende Abweichung zwischen magnetischem und geografischem Nordpol muss beim Kartenlesen beachtet und beim Arbeiten mit dem Kompass an selbigem eingestellt werden. In Papierkarten findet man diese Abweichungsangaben in der Legende. Diese ist unterteilt in die Abweichung des Kartengitters selbst und die des Kompasses.

Arbeitet man nun mit einer Kombination aus Kompass und GPS, ist man froh, für die Abgleichung die Nordrichtung des eTrex auf „Missweisend" setzen zu können. Beim Arbeiten mit einer Kombination aus Papierkarte und GPS wählt man die Option der Nordrichtung „Gitter".

Arbeitet man nur mit dem GPS, muss man sich keinerlei Gedanken um die magnetische Abweichung oder die der Gitternetzlinien machen. Man wählt also im Normalfall den wahren Nordbezug:

eTrex Hauptmenü > Einstellungen > Richtung > Nordreferenz > „rechtsweisend".

GPS + GLONASS, Galileo

Das globale Positionierungssystem GLONASS, welches vom Verteidigungsministerium der Russischen Föderation betrieben und finanziert wird, ähnelt dem US-amerikanischen NAVSTAR-GPS, dem derzeit aktuellen GPS-System. Das seit 1972 entwickelte russische System soll nun 2012 weltweit in den Einsatz gehen. Dafür sowie für den Empfang von Positionsgenauigkeitssignalen des Galileo-Systems sind die Geräte der neuen eTrex-Serie bereit. Was daraus wird, muss man noch abwarten.

Die Empfänger der eTrex-Serie zeigen den Empfang von GLONASS-Satelliten an, sobald in den Geräteeinstellungen > System > Satellitensystem > „GPS+GLONASS" angewählt ist. Aktuell machen Sie jedoch nichts falsch, solange Sie „GPS" als alleiniges Satellitensystem nutzen.

WAAS

Für eine höhere Genauigkeit der Positionsbestimmung bei Landeanflügen wurde für die amerikanische Luftfahrtbehörde das System WAAS - 'Wide Area Augmentation System' - entwickelt. Die WAAS-Daten erhöhen nur in Nordamerika die Genauigkeit des GPS-Signals, da die Korrekturdaten nur für diesen Raum ermittelt und übertragen werden. Der Empfang des WAAS-Signals ist trotzdem teilweise in Europa möglich, kann hier aber zu Ungenauigkeiten in der Positionsbestimmung führen.

Die Empfänger der eTrex-Serie zeigen den Empfang von WAAS-Satelliten durch Signalbalken mit Satellitennummern 34 und höher an, sobald in den Geräteeinstellungen > System > im Feld „WAAS" „EIN" angewählt ist. Für die Land- und Seenavigation ist die in Nordamerika mit WAAS erreichbare Genauigkeit in der Regel nicht erforderlich, da die Genauigkeit der Kartendarstellung meist sogar deutlich schlechter ist.

Updates

Die technische Entwicklung schnellt rasant voran. Haben Sie keine Angst, das Gerät könnte zum Kauf schon veraltet sein. Nein, die Software im Gerät und für die Planung am PC wird von Garmin kostenlos auf dem neuesten Stand gehalten.

Auf www.garmin.de > Extras > Downloads findet man den „Gerätesoftware/ Web-Updater". Ein Tool, was auf dem PC installiert werden muss, um bei angeschlossenem GPS-Gerät ohne weiteren Aufwand nach der neuesten Gerätesoftware suchen zu lassen. Der Assistent führt leicht verständlich durch diesen kurzen Vorgang.

Aber auch für die Software am PC ist es hin und wieder sinnvoll, nach einem neuen Update suchen zu lassen. Dafür braucht man bloß in der Dateileiste der jeweiligen Software, z.B. BaseCamp, auf Hilfe zu klicken und dort die Option „Aktualisierung suchen" anzuwählen, oder die neueste Version direkt von der eben genannten Garmin-Downloadseite herunterzuladen.

Kapitel 2 - Das Gerät

Nachdem Sie nun wissen, was Sie mit Ihrem eTrex so alles für Abenteuer unternehmen können, welche Karten Sie eventuell noch benötigen, um unterwegs spontan das Ziel auszuwählen und den Weg dorthin vom Gerät berechnen zu lassen oder doch lieber der zu Hause am PC ausgearbeiteten Tour folgen wollen... Nachdem Sie wissen, welches Kartenbezugssystem eingestellt werden muss und wie Sie Ihr Gerät auf dem technisch aktuellsten Stand halten, kann es ja auch fast schon losgehen! Lernen Sie nun Ihr Gerät kennen, indem Sie auch gleich die praxistypischen Einstellungen vornehmen.

Batterien einlegen und Gerätestart

Na, dann holen Sie doch mal das gute Stück aus dem Verkaufskarton! Legen Sie 2 AA-Batterien oder Akkus ein. Die längsten Betriebszeiten erreichen Sie mit aufgeladenen NiMH-Akkus oder Lithium-Batterien, letztere werden gerade für frostige Einsätze empfohlen. Mit einem Satz Akkus sollte Ihr eTrex bei normalem GPS-Betrieb erst einmal die nächsten 25 Stunden versorgt sein. Eine Aufladung über PC-Kabel ist nicht möglich.

Das Batteriefach befindet sich auf der Rückseite (D-Ring gegen den Uhrzeigersinn drehen und anheben), in welchen Sie auch die Seriennummer und den Steckplatz für die microSD-Karte finden. Oberhalb des Batteriefachs, mit einer Gummiabdeckung versehen, befindet sich der Steckplatz für den USB-Anschluss.

Die Tasten und ihre Bedeutung

Um den eTrex einzuschalten, drücken Sie kurz die 2. Taste von oben an der rechten Geräteseite, welche mit „**light**" beschriftet ist. Um ihn wieder auszuschalten, halten Sie diese etwa 3 Sekunden gedrückt. Ein weiterer kurzer Druck auf die „light"-Einschalttaste bei eingeschaltetem Gerät wechselt zur Statusanzeige, wo Sie die Helligkeit der Displaybeleuchtung zuschalten oder ändern sowie den Batteriestand und die Qualität des GPS-Empfangs ablesen können.

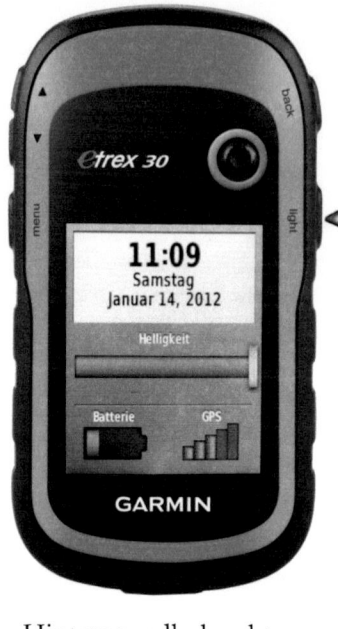

Abbildung 2-1 Einschalttaste; aber auch Schnellzugriff für Beleuchtung

& Licht

Hier lässt sich das Licht pro Druck auf „light" stufenweise auf mittelhell, ganz hell oder ausschalten. Natürlich können Sie aber auch den beweglichen Knopf auf der Geräteoberfläche zur Seite kippen, um die Helligkeit exakter anzupassen. Nach etwa 8 berührungslosen Sekunden blendet sich diese Anzeige selbstständig wieder aus. Die Dauer der Hintergrundbeleuchtung nehmen Sie in den Einstellungen > Anzeige vor. Diese Einstellungen bleiben auch nach dem erneuten Einschalten des Gerätes bestehen. Im Freien wird man allerdings die Beleuchtung kaum benötigen bzw. auch gar nicht wahrnehmen, da das Display die Reflektion des Tageslichtes für ein kontraststarkes „Ausleuchten" bestens ausnutzt. Schieben Sie dann also den Regler ganz nach links.

Die „**back**"-Taste (über der „light"-Einschalttaste, rechte Seite) wäre die andere Möglichkeit, diese Ansicht wieder zu verlassen. Die „back"-Taste verwendet man auch immer dann, um aus einer Ansicht zurückkehren oder eine Aktion abzubrechen. Wurde im Einstellungsmenü eine Seitenfolge angelegt, dient die „back"-Taste auch zum Durchblättern dieser angelegten Seiten.

Der bewegliche Knopf auf der Sichtfläche des Gerätes, oberhalb des Bildschirms, wird fachlich und im weiteren Text „**Thumb Stick**" (auf Deutsch: Daumenstock) genannt. Die Funktion ist recht selbsterklärend: Durch seitliches Kippen kann man im Display in die jeweilige Richtung navigieren, z.b. um in sämtlichen Auswahlmenüs von Feld zu Feld zu springen, um in der Kartenansicht bestimmte Punkte anzuvisieren oder die Karte über den Bildschirmrand hinaus zu verschieben sowie um im Höhenprofil durch Rechts- oder Links-bewegung Detailinfos zu bestimmten Punkten zu erhalten. Ebenso dient der Thumb Stick als <u>Bestätigungs- bzw. Eingabetaste</u>. Denn mit einem geübten, wirklich senkrechten Druck auf diesen bestätigt man die getroffene Auswahl oder eine auftauchende Meldung.

Auf der linken Geräteseite befinden sich ganz oben die zwei **Zoom**-Tasten, mit denen man in der Kartenansicht in die Karte ▼ hinein-oder aus der Karte ▲ herauszoomen kann, sie dienen aber auch für das seitenweise nach unten oder oben scrollen in langen Listen, wie z.b. in der Zieleingabe-Kategorie > Städte.

Die gleich darunter angesiedelte „**menu**"-Taste (linke Geräteseite, 3. Taste von oben) ruft das Options-Menü auf, welches der aktuellen Ansicht hinterlegt ist. Oft denkt man nicht an diese Taste, wenn man z.b. im Wegpunkt-Manager einen Wegpunkt aufgerufen hat und sich fragt: „Wie kann ich den Wegpunkt löschen?" Dann einmal „menu" betätigen und nachsehen, welche Aufgaben hier zur Verfügung stehen. Oft erwartet man auch gar keine weiteren Möglichkeiten, wie z.b. in der Zieleingabe-Kategorie. Wenn man sich in dessen Unterkategorie „Städte" befindet, werden die Nächsten in der Umgebung aufgelistet. Das umfasst oft nur einen Umkreis von 10km und bedeutet auch ewiges nach unten scrollen. Um nun aber zu der Stadt zu gelangen, die man außerhalb der 10km sucht, ruft man mit „menu" die Option auf „Suchbegriff eingeben" und bestätigt mit einem senkrechten Druck auf den Thumb Stick, worauf sich ein Tastaturfeld öffnet und man dann die Stadt <u>buchstäblich</u> eingeben kann.

➜ Unbedingt gut merken: Wissen Sie mal mit einer Display-darstellung nichts anzufangen? Fragen Sie die „menu"-Taste, welche Optionen sie bereithält. Anfangs ist das oft sehr überraschend auch wenn man gar keine weiteren Möglichkeiten erwartet. ⬅

Wenn Sie möchten, hier ein Test am Beispiel der Kartenansicht:
Um einen x-beliebigen Punkt in der Karte anzuvisieren, um dorthin eine Navigation zu starten oder auch nur, um von diesem Punkt erweiterte Informationen zu erhalten, kippen Sie den Thumb Stick in irgendeine Richtung, worauf ein Zeiger im Kartenbild erscheint, der dieser Bewegung folgt, solange bis Sie den Stick loslassen. So können Sie mit der Pfeilspitze auf ein Objekt in der Karte zielen, welches Sie interessiert. An dem gewünschten Punkt angekommen, drücken Sie nun senkrecht auf den Thumb Stick. Am oberen Display-Rand erscheinen nun mitunter mehrere Auswahlen, die diesem Punkt angehören.

(Abb.2-2, 1.Bild v.li.) Nehmen wir an, dass wir den Punkt direkt auf der Straße markieren wollen. Also lassen wir die Markierung auf „ST2359 DORFSTRAßE" (ansonsten mit Thumb Stick anderen Eintrag anwählen) und bestätigen die Auswahl mit einem senkrechten Druck auf den Stick. Daraufhin öffnen sich die Detailinfos zu diesem Punkt (2.Bild v.li.). Nun könnte man mit dem am unteren Bildschirmrand auftauchenden „Go" sofort eine automatische Navigation zu diesem Punkt starten. Wir möchten uns nun aber vorerst den Punkt für spätere Verwendungszwecke abspeichern. Dazu betätigen Sie bitte die „menu"-Taste und bestätigen die erscheinende einzige Auswahl „Als Wegp. sp." (als <u>Wegpunkt speichern</u>) durch senkrechten Druck auf den Thumb Stick (3.Bild v.li.). Nach der erscheinenden Erfolgsmeldung „…gespeichert", ist nun in der Namenszeile der Detailinformationen ein vorangestelltes Wegpunkt-symbol zu sehen. Dieser Wegpunkt ist nun also mit dem Fähnchen-Symbol in Ihrem eTrex angelegt (4.Bild).

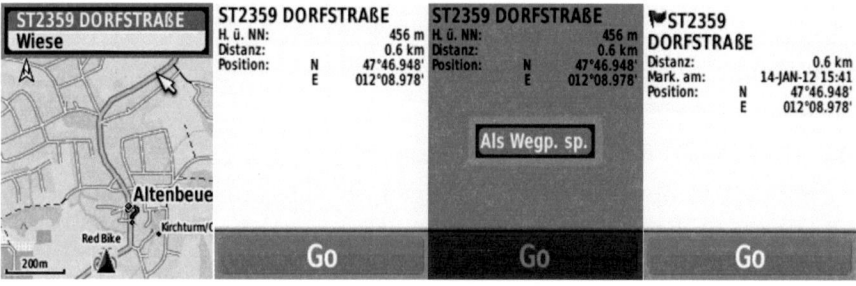

Abbildung 2-2 in der Karten-Ansicht mit Thumb Stick anvisierten Punkt aufrufen und mittels „menu"-Taste abspeichern

Mit einem „back"-Tastendruck würden Sie nun zur Kartenansicht zurückgelangen, wo Sie das Fähnchen sehen sollten. Bevor Sie das tun, könnten Sie aber mit einem erneuten „menu"-Tastendruck noch weitere Wegpunkt-Aktionen auslösen, z.B. die Details zu diesem Wegpunkt bearbeiten. Bestätigen Sie die als einziges auftauchende Option „Wegpkt. bearb.", worauf die Detailinfos in einzelnen Kästchen aufgeteilt erscheinen (Bild Mitte).

Abbildung 2-3
Wegpunkt löschen

Mit dem Thumb Stick können Sie nun in das entsprechende Kästchen springen, um dort durch einen senkrechten Druck auf den Thumb Stick die Eintragung oder das Symbol zu ändern. Möchten Sie hingegen diesen Wegpunkt aus Ihrem eTrex entfernen, betätigen Sie nochmals die „menu"-Taste. Nun öffnet sich eine sehr lange Liste mit Möglichkeiten, was Sie Ihrem Punkt nun alles antun können (3.Bild v.li.). Als ganz oberster Eintrag erscheint hier also die Option „Entfernen". Bestätigen Sie den bereits markierten Eintrag durch den senkrechten Druck auf den Thumb Stick oder navigieren Sie zu einer anderen Option.

Mit einem „menu"-Doppeltastendruck (2x schnell hintereinander) gelangen Sie aus jedem noch so verzweigten Untermenü in einem Schritt in das Hauptmenü zurück.

Tastenübersicht und Tastenkombinationen

back - Druck kurz - Druck kurz, doppelt	**Geräteseite rechts, 1. von oben** = Beenden oder Abbrechen von aufgerufenen Menüs; = Blättern in der Seitenfolge (falls Seitenfolge eingerichtet wurde) = zurück zum Hauptmenü
light (& Ein/Aus) - Druck kurz - Druck lang, ca. 3 Sek.	**Geräteseite rechts, 2. von oben** = Gerät Einschalten; = Licht-, Batterie- und GPS-Status; = Licht stufenweise einstellen; = Gerät ausschalten
▲▼ - Zoomtasten - Druck kurz - Druck lang	**Geräteseite links, oben** = schrittweises Verändern des Maßstabes der Karte und des Höhenprofils; = seitenweise blättern in Menülisten; = schnelles Zoomen
MENU - Druck kurz, einfach - Druck kurz, doppelt	**Geräteseite links, 3. von oben** = blendet das Options-Menü zu der aktuellen Ansicht ein; = zurück zum Hauptmenü
Thumb Stick - seitliches Kippen - Druck kurz - Druck lang	**oberhalb des Bildschirms** = Bewegen des Zeigers in der Kartenansicht, Navigieren in Menüs, Markieren einer Auswahl; = bestätigt die Auswahl; = speichert die aktuelle Position als Wegpunkt (Schnellzugriff für Hauptmenü > Wegpunkt > speichern)

Das Arbeiten in der Kartenansicht: Navigieren Sie im Hauptmenü auf die Kategorie „Karte", um die Kartenansicht zu öffnen. Das Dreieck am unteren Bildrand (in Abb. 2-4 am Wegpunkt „RedBike" zu finden) zeigt Ihre eigene, aktuelle Position an. Bewegen Sie sich nun mit Ihrem eTrex, so wandert die Kartenansicht mit Ihrer Bewegung mit. Worauf wir an dieser Stelle hinweisen möchten ist, dass es auch einen Fall gibt, wo die Karte Ihrer Bewegung nicht folgt. Wenn Sie nämlich den Thumb Stick berührt haben, um mit dem Zeiger in der Karte einen Punkt anzuvisieren oder die Karte zu Infozwecken im Display verschoben haben - so lange Sie also diesen weißen Zeigepfeil in der Kartenansicht sehen können – in dem Fall bleibt die Kartenausrichtung so wie sie ist und wandert nicht mit Ihrer Bewegung mit. Drücken Sie dann einmal kurz die „back"-Taste, um in den normalen Kartenmodus zurück zu kehren.

Abbildung 2-4

Kartenansicht im manuellen Zeigemodus;

d.h. Die Karte wandert nicht mit Ihrer eigenen Bewegung mit. Kehren Sie unbedingt mit „back" in die normale Kartenansicht zurück!

Das Arbeiten in der Höhenprofilansicht: Navigieren Sie im Hauptmenü auf die Kategorie „Höhenprofil", um die Grafik des Höhenverlaufes zu öffnen.

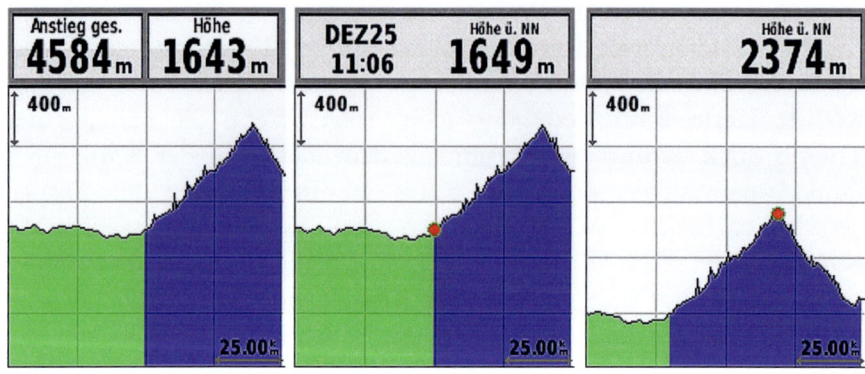

Abbildung 2-5 Höhenprofil-Ansicht: grün = bisher aufgezeichneter Höhenverlauf, blau = bevorstehender Höhenverlauf

In der Abbildung sehen Sie den zur Hälfte grün und blau dargestellten Höhenverlauf. Das ist der Fall, wenn Sie mit Ihrem eTrex bereits schon eine gewisse Distanz aufgezeichnet haben und als weiteres ein Routing aktiv ist – also eine automatische Navigation gestartet wurde–. Das kann zum einen durch die Auswahl eines Zielpunktes im eTrex erfolgt sein, zum anderen aber auch durch die Aktivierung des „Go"-Buttons eines gespeicherten Tracks veranlasst worden sein. Der grüne Teil des Höhenprofils stellt die von Ihnen bisher überwundenen Auf- und Abstiege dar. Der blaue Teil zeigt den noch bevorstehenden Höhenverlauf. Haben Sie also weder einen Zielpunkt im Gerät gewählt noch einen Track oder eine Route gestartet, werden Sie nur das grüne, aktuell aufzeichnende Höhenprofil sehen.

Oberhalb der Grafik finden Sie 2 Datenfelder, in denen Sie laut Werkseinstellung den bisher gesamten Aufstieg und die aktuelle Höhe ablesen können. (Durch einen „menu"-Tastendruck lassen sich diese Datenfeldinformationen auch ändern.) Stupsen Sie nun den Thumb Stick seitlich kurz an, so erscheint eine rote Positionskugel auf der Höhenlinie, von dessen Position Sie nun genauere Informationen am oberen Bildschirmrand angezeigt bekommen. Kippen Sie den Thumb

Stick nun so lange nach rechts oder links, bis Sie die rote Kugel an die Stelle bewegt haben, von der Sie genauere Höheninformationen erhalten wollen, z.b. auf die Spitze des nächsten Gipfels. So können Sie die noch verbleibenden Höhenmeter zum Gipfel im Kopf schnell zu überschlagen. Mit einem „back"-Tastendruck gelangen Sie wieder in die normale Höhenprofil-Ansicht (ohne Positionskugel) zurück.

Kippen Sie hingegen den Thumb Stick nach oben oder unten, so gelangen Sie in den Anpassungsmodus der grafischen Darstellung. Am oberen Display-Rand wird die Meldung „Zoombereich anpassen" angezeigt. Durch Hoch- oder Herunterkippen des Thumb Sticks können Sie nun den Darstellungsmaßstab in der Höhe verändern, durch Links- oder Rechtsbewegung in der Entfernung.

Mit einem „back"-Tastendruck beenden Sie den Anpassungsmodus oder gelangen mit einem doppeltem „back"-Tastendruck sofort in das Hauptmenü zurück.

Grundlegende Einstellungen

Nach dem Einschalten startet der eTrex immer die Suche nach den GPS-Satellitensignalen. Dazu ist es sinnvoll, sich auf eine Freifläche mit ungehindertem Blick zum Himmel zu begeben. Während der Satellitensuche blinkt in der Kartenansicht ein kleines Fragezeichen am Positionspfeil. Wird kein Signal gefunden, erscheint eine Frage-Meldung im Display, wie weiter verfahren werden soll. Befinden Sie sich im Raum und beabsichtigen gar keinen GPS-Empfang, wählen Sie hier den „Vorführmodus", der den GPS-Empfang abschaltet. War die Suche hingegen erfolgreich, springt der Positionspfeil auf Ihre reale Position und das Fragezeichen erlischt. Eine genaue Darstellung über die aktuelle Empfangsqualität finden Sie im Hauptmenü, durch Aufrufen der Kategorie „Satellit".

Für unsere nun folgenden Einstellungs- und Erkundungszwecke und um Strom zu sparen, können wir den GPS-Empfang sofort ausschalten. Rufen Sie dafür im Hauptmenü die Kategorie „Einstellungen" auf und öffnen in dieser des Weiteren die Unterkategorie „**System**". Hier führen Sie in der 1. Zeile „Satelittensystem" einen senkrechten Druck auf den Thumb Stick aus, um dessen verfügbare Auswahl zu öffnen.

Abbildung 2-6 Hauptmenü

Wählen Sie „Vorführmodus", um die in Räumlichkeiten sinnlose GPS-Suche abzuschalten. Bestätigen Sie Ihre Auswahl wieder durch einen senkrechten Druck auf den Thumb Stick. Die Auswahl wird übernommen und schließt sich. (Nur angenommen: Sie schalten Ihren eTrex erneut ein, so wird diese Einstellung wieder auf normalen GPS-Empfang gesetzt. Also keine Angst, hier etwas vergessen zu können.)

Springen Sie nun evtl. ins Feld „Sprache", falls Sie diese beim 1. Einschalten falsch ausgewählt haben und ändern Sie diese durch senkrechten Druck auf den Thumb Stick.

In der Zeile Batterietyp ist es sinnvoll den auszuwählen, den Sie auch eingesetzt haben, um die beste Stromversorgung zu gewährleisten. Akkus werden jedoch nicht geladen, wenn Sie das Gerät per USB am PC oder Netzstrom anschließen. Die Modelle der eTrex-Serie verfügen aus Sicherheitsgründen über keine Ladeschaltung.

Den USB-Modus sollten Sie auf „Massenspeicher" lassen, wenn Ihr Gerät als externes Laufwerk erkannt werden soll, um sämtliche GPS-Daten vom oder zum PC zu senden sowie in BaseCamp auf den eTrex zugreifen zu können. Bei der Kopplung mit anderen Geräten (z.B.

Digitalkamera) kann es vorkommen, dass Sie hier die Auswahl „Garmin" verwenden müssen.

Mit einem Tastendruck auf „back" gelangen Sie in das Einstellungen-Menü zurück. Wir überspringen nun einige Einstell-Kategorien wie die der Anzeige und Töne. Diese sind von Werk aus optimal eingestellt und fast ausschließlich vom Geschmack jedes Einzelnen abhängig. Erst bei der Kategorie „**Karte**" bremsen wir unser Tempo und rufen dieses Untermenü durch anvisieren und senkrechten Druck auf den Thumb Stick auf. Hier findet man die Einstellungen:

- die man besonders in Bewegung zu schätzen weiß – die Ausrichtung „in Fahrtrichtung" –. (Um sich im Stand auf der Karte orientieren zu können, kann es hin und wieder hilfreich sein, hier die Karte auf „nach Norden" umzustellen. Manch einer möchte vielleicht auch die dreidimensionale Sicht eines typischen Autonavis nicht missen, der wählt den „Fahrzeugmodus".) ;

- um den Hilfe-(Führungs-)text nur „beim Navigieren" anzeigen zu lassen, um so in allen anderen Fällen die gesamte Kartenansicht nutzen zu können;

- um sich im Feld Datenfelder in der Karte zusätzliche Informationen einzublenden, für die man sich ständig interessiert und dafür nicht extra die Kartenansicht verlas-sen möchte (dazu können Sie aus bis zu 4 Datenfeldern oder der Anzeige von bereitstehenden Ansichten wie Höhenprofil, Stoppuhr, Tacho wie im Auto, Kompass, Geocaching ect. wählen);

Abbildung 2-7
Einstellung der Kartenansicht

- mit denen man im Feld <u>Karteninformationen</u> die Karten an- oder abwählt, die man in der Kartenansicht sehen möchte bzw. die der eTrex zur Routenberechnung verwenden soll. (Vorausgesetzt man hat mehrere routingfähige Karten des gleichen Abdeckungsbereiches in das Gerät oder auf die microSD-Karte geladen. Topografische Karten liegen in der Sichtbarkeit über den Straßenkarten. Soll die Route für die Bewegung mit dem Pkw erstellt werden, so sollten Sie hier die topografische Karte deaktivieren. Die Basiskarte (Basemap) unbedingt immer aktiviert lassen! Diese ermöglicht den schnellen Bildaufbau beim Herauszoomen außerhalb dem 20km-Maßstab.) ;

Mit der an vorletzter Stelle aufgeführten Option der **erweiterten Karteneinstellungen** lässt sich Einfluss nehmen auf:

- die <u>Auto-Zoomfunktion</u>, welche die Ansicht der nächsten Abbiegung im Display automatisch und optimal vergrößert darstellt. Man wählt „Aus" wenn man dies als störend empfindet. ;

- die <u>Zoom-Maßstäbe</u>, mit denen beim Erreichen diverser Punkte die Kartenansicht automatisch vergrößert wird (vorausgesetzt: Auto-Zoom „Ein") ;

- die <u>Textgröße</u> von Objekten in der Karte. Benutzer- (eigene) Wegpunkte und Straßennamen wird man sich sicher größer anzeigen lassen wollen, als die übrigen Karteninformationen ;

- den <u>Detailgrad</u>, wie detailliert die Karte angezeigt werden soll (Dementsprechend schnell oder langsam gestaltet sich auch der Bildaufbau der Kartenansicht. ;

- das Anzeigen der <u>plastischen Karte</u>, welche man besser auf „Nicht anzeigen" stellt, um die beste und kontraststärkste Ansicht der Karte zu erhalten. (Denn die Schattierung der 3D-Darstellung bewirkt leider auch, dass die Karte im Display wesentlich schlechter zu sehen ist.)

(Mittels dem „menu"-Button können diese und damit wirklich auch nur die in der jeweiligen Ansicht getroffenen Einstellungen wieder auf die originalen Werkseinstellungen zurückgestellt werden.) Verlassen Sie nun durch zweimaliges Betätigen der „back"-Taste die Karteneinstellungen.

Die Einstellungen zu „Tracks", „Zurücksetzen" und „Seitenfolge" überspringen wir vorerst, um erst einmal die Einstellungen vorzunehmen, welche den grundlegenden GPS-Betrieb Ihres eTrex betreffen.

In den Kategorien „**Einheiten**" und „**Uhrzeit**" können Sie selbst noch einmal überprüfen und evtl. abändern, ob dort die in unseren Gefilden üblichen Maßeinheiten „metrisch" und für die vertikale Auf- oder Abstiegsgeschwindigkeit am Berg z.B. „m/min" ausgewählt wurde. Sicher wollen Sie auch die Uhrzeit als 24h-Zahl bei „automatisch" gewählter Zeitzone ablesen, mit der das Gerät die Zeit der aktuellen Position verwendet.

Einzigst beim „**Positionsformat**" sollten wir wieder etwas verweilen.

Wie im Kapitel1/"Koordinatensystem" bereits angesprochen, können Sie ganz nach Ihren Vorlieben zwischen mehreren Darstellungen der Koordinaten wählen, die sich auf das Kartendatum und den Kartensphäroid WGS84 beziehen. Im Notfall ist allerdings die Positionsangabe im UTM-Format von großer Bedeutung.

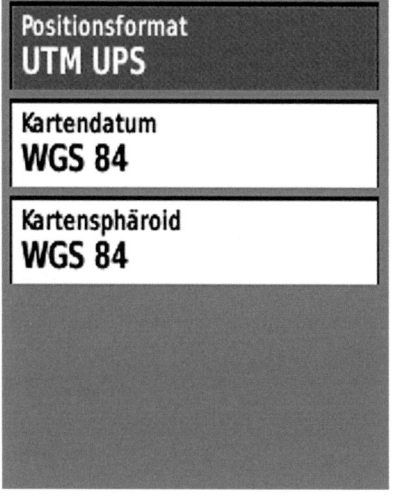

Abbildung 2-8
Einstellungen > Positionsformat

Im UTM-Format kann so durch die letzte Zahl die genaue Meterangabe direkt abgelesen werden. Dafür sind die Darstellungsformate in Länge und Breite die eindeutig beliebteren, wenn es um die Weitergabe im World Wide Web geht, da man anhand der Gradangabe sofort einschätzen kann, wo sich der Punkt auf der Erdkugel befindet.

➜ Als Kartendatum (Kartenbezugssystem) und Kartensphäroid (Kartenbezugspunkt) müssen bei der GPS-Navigation jedoch immer „WGS84" ausgewählt werden, außer man möchte sein GPS auf eine Papierkarte abgleichen, welche ein anderes Kartendatum und anderen Bezugspunkt verwendet. ←

Mit dem Betätigen der „back"-Taste kehren Sie wieder in das „Einstellungen"-Menü zurück.

Im nächsten Einstellungs-Untermenü **„Richtung"** lassen sich alle Einstellungen vornehmen, die das Arbeiten mit dem Kompass betreffen. Öffnen Sie dieses. Im obersten Kästchen „Anzeige" können Sie die Winkelskala des Kompasses ändern, falls Sie die Teilung statt der Richtungsbuchstaben mit Gradangabe (360°) oder als nautische Striche (6400 Mil) betitelt haben wollen?

Die „Nordreferenz" ist im Auslieferungszustand mit „Rechtsweisend" korrekt eingestellt. Nur wenn Sie mit Karte oder Kompass arbeiten und den eTrex auf diese abgleichen wollen, müssen hier die entsprechenden Einstellungen „Missweisend" für das Abgleichen auf den Kompass und „Gitter" für das Abgleichen auf die Karte verändert werden, siehe Kapitel1 / „Nord-referenz".

Als Zielfahrt-Linie/Zeiger bietet sich der Kurs(CDI)–Modus an, mit dem Sie am Kompass nicht nur die Richtung zu Ihrem Zielpunkt, sondern auch die aktuelle Abweichung vom vorgeschlagenen Kurs ablesen können (sinnvoll für die Anwendung „Peilen und los").

Abbildung 2-9
Einstellung CDI-Modus für die Anzeige von angepeiltem Kurs und dem Verhältnis der aktuellen Abweichung;
Winkelskala: „Richt.buchstaben"

Mit der Einstellung „Auto" in der Zeile Kompass wechselt der Kompass-Modus automatisch von normalem Kompass-Betrieb in den GPS-Kompass-Betrieb der den Kurs weist, sobald Sie mit höherer Geschwindigkeit unterwegs sind oder schaltet diesen ganz ab.

Eine Kompasskalibrierung sollten Sie immer dann vornehmen, wenn Sie die Batterien oder den Akku gewechselt, lange Strecken zurückgelegt haben oder starke Temperaturveränderungen aufgetreten sind. Gegenstände, die Magnetfelder beeinflussen wie z.b. Autos, Gebäude oder überirdische Stromleitungen können den Kompass beeinflussen.

-Kurze Verschnaufpause- Die grundlegenden Einstellungen für einen korrekten GPS-Betrieb sind nun getroffen und wir können einen Blick auf

weitere sinnvolle Einstellungen

werfen.

Da Sie ja den eTrex nicht nur zum Navigieren verwenden können, sondern natürlich auch zum Aufzeichnen Ihrer eigenen Bewegung, können Sie entscheiden, welche Unternehmungen aufgezeichnet werden sollen. Diese können sofort in der Kartenansicht in einer Farbe Ihrer Wahl dargestellt werden. Die Entscheidung, ob die Aufzeichnung aktiv ist, diese in der Kartenansicht angezeigt werden soll oder nicht, nehmen Sie in den Einstellungen > **Tracks** durch die Auswahl „Trackaufzeichnung" vor, z.B. „Aufzeichnen und in Karte anzeigen" wählen Sie, wenn Sie die Tour starten / „Nicht aufzeichnen" - wenn Sie Ihre Tour beenden.

Abbildung 2-10
Trackeinstellungen für das Aufzeichnen einer Tour

Des Weiteren können Sie hier in den Track-Einstellungen:

- die <u>Aufzeichnungsart</u> festlegen, d.h. ob die Trackpunkte in einem bestimmten zeitlichen Abstand oder Längenabstand zu einander oder automatisch (in Kurven häufiger, auf Geraden seltener) gesetzt werden sollen;

- den <u>Intervall</u> (die Häufigkeit der gesetzten Trackpunkte) erhöhen oder verringern;

- die <u>automatische Archivierung</u> wählen, mit der die aktuelle Aufzeichnung täglich, wöchentlich oder erst, wenn der aktuelle Trackspeicher mit 10.000 Trackpunkten voll ist, separat im Gerätespeicher archiviert wird. Dieser bietet Platz für 200 Tracks. Die Einstellung „wenn voll" nutzt die Archiv-Speicherkapazität am besten aus. „Täglich" oder „wöchentlich" kann für eine besserer Übersicht und weniger Nacharbeit am PC sorgen;

und

- die <u>Farbe</u> einstellen, mit der die Trackaufzeichnung in der Kartenansicht dargestellt werden soll.

Hierbei ist die Aufzeichnungsart „automatisch" und der Intervall „normal" meist perfekt voreingestellt.

Mit der „back"-Taste verlassen Sie dieses Untermenü und schauen sich im „Einstellungen"-Menü den nächsten Punkt „**Zurücksetzen**" an. In dem sich daraufhin öffnenden Untermenü haben Sie die Möglichkeit, die Datenfelder des Reisecomputers auf null zu setzen. Das ist zum einen wichtig, um auch wirklich nur die Reisedaten (Länge, Dauer, Höhenmeter…) der eigentlichen Tour zu erhalten, zum anderen wird dadurch gleichzeitig Ihre Aufzeichnung von vorausgegangenen oder nachfolgenden Aufzeichnungen getrennt. Denn man will ja wirklich nur die Gesamtdaten der Tour wissen, genau ab dem Zeitpunkt des Tourstarts ohne die Zeit der vorherigen Parkplatzsuche oder der Schlussrunde im Biergarten.

Im Untermenü „Zurücksetzen" hat man des Weiteren die Möglichkeit

- alle Wegpunkte zu löschen und die Speicherbelegung zu erfahren (wie stark Ihr Wegpunktspeicher ausgelastet ist, ob Sie evtl. mal einige nicht mehr benötigte Wegpunkte rauswerfen sollten),

- den aktuellen Trackspeicher zu entleeren oder dessen Auslastung abzulesen

und

- das Gerät auf Werkseinstellungen zurück zu setzen (also alle persönlichen Einstellungen wie z.b. Datenfelder, Profil, Routingeinstellungen usw. zu beseitigen).

Alle Aktionen zum Zurücksetzen bzw. Löschen der Aufzeichnungsdaten können jedoch schneller

- in der Reisecomputer-Ansicht,

- im Wegpunkt-Manager

oder

- im Track-Manager

mithilfe der „menu"-Taste erledigt werden.

Und wie gewohnt, kehren Sie wieder mit der „back"-Taste in das „Einstellungen"-Menü zurück.

Durch Aufrufen der Einstellungs-Kategorie „**Seitenfolge**" und durch Anwahl der Zeile „Seite hinzufügen" ist es Ihnen überlassen, ob Sie sich für einen schnelleren Zugriff auf bestimmte Ansichten eine Reihenfolge von weiteren Seiten anlegen, welche Sie dann mit der „back"-Taste durchblättern können. So ist es unter Umständen möglich, dass Sie mit einem „back"-Tastendruck schneller aus der Kartenansicht in die z.B. Höhenprofilansicht wechseln können, als wenn Sie zuerst in das Hauptmenü zurückkehren und dort mittels Thumb Stick die Kategorie „Höhenprofil" aufrufen müssten. Für die Nutzung am vibrierenden Fahrradlenker ist es sicher eine empfehlenswerte Möglichkeit, da man während der Fahrt mit dem Thumb Stick eher schlecht irgendetwas aufrufen kann.

Die „Aktive Route"n-Seite kann in der „Seitenfolge" ebenfalls ganz interessant sein, wenn man sich oft automatisch navigieren lässt. Denn das ist die Liste der zu erwartenden Abbiegungen, die Abbiegeliste. Richten Sie sich hier jedoch zu viele Seiten ein, so werden Sie diesen Schnelligkeitsvorteil nicht mehr haben, da Sie ja all diese Seiten dann auch jedes Mal mit einem „back"-Tastendruck durchblättern müssen bis Sie wieder in der Ansicht angekommen sind, die Sie zuvor hatten.

Haben Sie Ihre gewünschten Seiten hinzugefügt oder es auch sein gelassen, so kehren Sie mit „back" wieder in das „Einstellungen"-Menü zurück.

Sie merken also, in Ihrem eTrex ist so gut wie alles individuell anpassbar. So natürlich auch die Anordnung der Kategorie-Elemente im **Hauptmenü**. Achten Sie während Ihren ersten Unternehmungen darauf, auf welche Funktionen Sie ständig zugreifen und ordnen Sie sich diese dementsprechend für einen schnelleren Zugriff an. Betätigen Sie im Hauptmenü einfach die „menu"-Taste (Abb. 2-11, 1.Bild v.li.) und bestätigen Sie die erscheinende Auswahl „Elem.reihenf.änd." (Elemente-Reihenfolge ändern) durch einen senkrechten Druck auf den Thumb Stick. Es erscheint die Liste mit allen im eTrex anwählbaren Kategorien (2.Bild v.li.). Navigieren Sie mit dem Thumb Stick in die Zeile, dessen Element Sie in der Reihenfolge verändern möchten und bestätigen Sie die Auswahl mit einem senkrechten Druck auf den Stick. Daraufhin erscheint die Auswahl „Verschieben" und „Entfernen" (3.Bild v.li.). Wählen Sie „Verschieben", so bleibt die markierte Zeile nun an Ihrer Thumb Stick-Bewegung hängen und lässt erst wieder los, wenn Sie nochmals senkrecht auf den Thumb Stick drücken. An diesem Platz bleibt dann also das gerade verschobene Element liegen.

Abbildung 2-11 Anordnen der Elemente im Hauptmenü

Wählen Sie hingegen „Entfernen", so wird die Kategorie aus dem Hauptmenü entfernt und Sie können diese erst wieder durch selbigen Prozess (im Hauptmenü > „menu" > „Elem.reihenf.änd." > „Alle anzeigen") sichtbar schalten.
Sind alle Kategorie-Elemente an seinem Platz? Dann kehren Sie mit der „back"-Taste wieder in das „Einstellungen"-Menü zurück.

Die nun noch nicht angesprochenen Einstellungen zum Höhenmesser, Geocaching, Marine und Fitness wollen wir hier nicht in ihrer Gesamtheit breit treten, da diese im Handbuch ebenso erklärt sind und auch nur von speziellen Nutzergruppen angewandt werden, für die die verfügbaren Auswahlen dann sowieso schon selbsterklärend sind. Daher sei nur auf ausgewählte Punkte hingewiesen:

- **Höhenmesser**: lassen Sie die <u>Automat.-Kalibrierung</u> „Ein" und den <u>Barometermodus</u> auf „Höhenmesser", damit der eTrex 30 diesen stets beim Gerätestart kalibriert und während Sie sich fortbewegen die Höhenänderung ermitteln kann.

- **Geocaching**: möchten Geocacher nach einem Chirp suchen, muss in den Einstellungen unbedingt noch die <u>chirp-Suche</u> „Ein"-geschaltet werden. Ist die Liste der im Gerät abgespeicherten Verstecke schon recht lang, behält man mit den <u>Filtereinstellungen</u> den besseren Durchblick. So kann man sich einen Filter erstellen, der den eigenen Geocache-Speicher nur nach Verstecken durchsucht, die sich z.B. durch eine höhere Schwierigkeitsstufe als 3 auszeichnen.

- **Marine**: für die Nutzung auf See müssen hier unbedingt diverse Einstellungen aktiviert werden, so dass z.b. eine Seekarte überhaupt korrekt angezeigt wird.

- **Fitness**: möchten Sie einen Garmin-Pulsgurt oder einen -Trittfrequenzmesser mit Ihrem eTrex 30 koppeln, müssen hier die entsprechenden Positionen „Ein"-geschaltet werden.

Die Einstellungen zum Routing sehen wir uns im Kapitel3/ „Navigation" näher an.

„Bravo !!!" - Nun haben Sie Ihr Gerät schon sehr gut kennen gelernt und gleichzeitig alle praxisorientierten Einstellungen ausgewählt. Daher können Sie jetzt das „Einstellungen"-Menü mit einem „back"-Tastendruck verlassen und in den eher schon praktischen Teil übergehen.

Der eTrex bietet Ihnen eine Fülle an aktuellen und gesammelten Daten zum Tour-Fortschritt. Um diese Zahlen während der Tour zu erfahren, öffnen Sie im Hauptmenü die **„Reisecomputer"**-Ansicht. Hier finden Sie alle möglichen Zahlenwerte, die Sie ganz nach Ihren Wünschen anzeigen lassen können. Sind Ihnen das zu wenige Datenfelder, so können Sie auch die gesamte Aufteilung ändern. Betätigen Sie die „menu"-Taste und wählen Sie zuerst „Anzeige ändern". Navigieren Sie mit dem Thumb Stick in die Zeile „Kleine Datenfelder" und bestätigen diese. Somit erhalten Sie die Ansicht mit 10 Zahlenwerten wie im Bild.

Abbildung 2-12 Reisecomputer-Ansicht ändern mittels "menu"-Taste

➜ Andere Beispiele: Mit „Grosses Datenfeld" können Sie sich statt den oberen 4 kleinen Datenfeldern, 1 großes Datenfeld anzeigen lassen. Durch die Auswahl „Stoppuhr" holen sich z.b. trainingsorientierte eTrex-Nutzer die genaue Zeit aufs Display. Es besteht dann also während der normalen Ansicht im Reisecomputer-Modus zusätzlich auch der sofortige Zugriff auf die Stoppuhr, ohne erst die „Reisecomputer"-Ansicht zu verlassen und im Hauptmenü zur „Stoppuhr"-Ansicht navigieren zu müssen. Hat man die Stoppuhr gestartet bietet sich weiterhin die Möglichkeit, die gestoppte Zeit zu unterteilen. Mit dem Betätigen der Schaltfläche „Ru.protokoll" („Rundenprotokoll", welche also nur sichtbar wird sobald die Stoppuhr gestartet wurde) kann man weitere Teilstücke der Tour zeitlich und in Entfernung unterteilen, obwohl die gesamt gestoppte Zeit und Entfernung weiterläuft. Die Stoppzeiten im Detail - also die aktuelle Stoppzeit mit Entfernung und die gesamte Stoppzeit mit Entfernung - findet man dann allerdings nur in der „Stoppuhr"-Ansicht (aufrufbar aus dem Hauptmenü). ⬅

Zurück zur Reisecomputer-Ansicht: Den Wert der einzelnen Datenfelder selbst können Sie ändern, indem Sie wieder die „menu"-Taste betätigen, diesmal aber „Datenfelder ändern" wählen. Daraufhin erscheint in der auftauchenden Ansicht ein farbig hinterlegtes Datenfeld. Navigieren Sie mit dem Thumb Stick in das Feld, dessen Wert Sie ändern möchten und bestätigen Sie die Auswahl mit einem senkrechten Druck auf den Stick. Wählen Sie einen Wert aus der erscheinenden Liste und bestätigen Sie diesen wieder mit einem senkrechten Druck auf den Thumb Stick, damit der gewählte Wert übernommen wird. Sind Sie mit der gesamten Auswahl aller Datenfelder fertig, beenden Sie diesen Schritt natürlich wieder mit einem Tastendruck auf „back". Eine Übersicht aller verfügbaren Datenfeldwerte mit dessen Erklärung finden Sie im Anhang Ihres eTrex-Handbuches (im Gerätespeicher). Besonders praktische Datenfelder sind z.B.:

- „Dist. zum Nächsten" (bei einer aktiven Route zählt die Entfernung zur nächsten Kreuzung runter -sofern man sich darauf zubewegt-, und man ist bestens darauf vorbereitet, wann man die Plauderei mit dem Begleiter etwas eindämmen muss, um sich auf den Weg zu konzentrieren);

- „Distanz zum Ziel" (bei aktiver Route oder zum Routing aufgerufenem Track);

- erwartete „Ankunftszeit" am Ziel;

- „Höhe über NN";

- „Anstieg gesamt" ;

- „Vertikalgeschwindigkeit" (in welcher Schnelligkeit man Höhenmeter überwindet);

- „Zeiger" (zeigt bei einer aktiven Route mit einem Pfeilsymbol die Ziel-/Fahrtrichtung an);

- „Herzfrequenz".

Aber natürlich sind auch die altbekannten Reisewerte wie man sie von einem Fahrradtacho kennt sehr interessant, wie z.B.:

- Geschwindigkeit;

- Max. Geschwindigkeit;

- Ø-Geschwindigkeit in Bewegung;

- Tagesstreckenzähler;

- Uhrzeit.

Haben Sie alle Datenfelder nach Ihren Wünschen ausgewählt, beenden Sie den Änderungsmodus mit einem „back"-Tastendruck und kehren in die normale Reisecomputer-Ansicht zurück. Damit die Werte der einzelnen Datenfelder auch den korrekten Wert zum Tour-Fortschritt anzeigen können, müssen die Werte direkt vor der Tour auf null bzw. Ausgangswerte zurückgesetzt werden. Dazu können Sie in der aktiven Reisecomputer-Ansicht mittels „menu"-Taste die Option „Zurück- setzen" aufrufen und die „Reisedaten zurücksetzen".

Vielleicht haben Sie es bei den Einstellungen der Kartenansicht bereits erkannt: genau diese Datenfelder wie in der Reisecomputer-Ansicht können Sie sich auch in der <u>Kartenansicht</u> zusätzlich einblenden, um ein ständiges Hin- und Herschalten zwischen Karte und Reisecomputer zu vermeiden. Kehren Sie dazu mit einem „back"-Tastendruck in das Hauptmenü zurück, und öffnen Sie die Kartenansicht. Betätigen Sie nun die „menu"-Taste und wählen Sie die Option „Karte einrichten". Im daraufhin erscheinenden Karten-Einrichtungsmenü erhalten Sie in der Zeile „Datenfelder" durch senkrechten Druck auf den Thumb Stick die Auswahl zwischen 0-4 Datenfeldern oder der Anzeige von z.B. Stoppuhr, Kompass, Höhenprofil, Geocaching etc. Mit der Auswahl „Benutzerdefiniert" könnten Sie weiterhin festlegen, ob die Datenfelder immer angezeigt werden oder bei einer aktiven Navigation ausgeblendet werden sollen, weil dann ja auch noch der Führungstext in der Kartenansicht erscheint und dadurch der sichtbare Kartenausschnitt recht klein wird.

Wollen Sie nun Ihren eTrex bei verschiedenen Aktivitäten einsetzen, wie z.B. zum einen im Auto, um sich zum Startpunkt der Tour lotsen zu lassen, und zum anderen am Fahrrad, wo Sie Ihrer vorbereiteten Track-Linie folgen wollen, so werden Sie ganz unterschiedliche Datenfeldwerte und sogar auch Geräte-Einstellungen benötigen. Damit Sie beim Einsatzwechsel vom Auto zum Fahrrad nun aber nicht ständig sämtliche Einstellungen verändern müssen, nutzen Sie besser verschiedene <u>Profile</u>. Das bedeutet, dass Sie alle Einstellungen die Sie bisher getroffen haben, wie z.B.

- das Aktivieren der topografischen Karte und Deaktivieren der nicht benötigten Straßen-Karten,
- die Seitenfolge,
- die Einstellungen für die Routenberechnung,
- die Darstellung des Reisecomputers und dessen Datenfeldwerte etc.,

nach dem Wechsel in ein anderes Profil komplett anders wählen können. Dafür rufen Sie lediglich im Hauptmenü die Kategorie „Profiländerung" auf und wählen dort ein entweder bereits bestehendes Profil (Abb. 2-13, 2.Bild v.li.), in welchem von Werk aus schon einige Voreinstellungen getroffen wurden. Oder Sie erstellen sich eine Kopie von Ihrem aktuell angelegten Profil, um Ihre bis hier schwer erkämpften Einstellungen zu übernehmen, leicht abzuändern und nicht noch einmal von vorn beginnen zu müssen. Dazu betätigen Sie wieder die „menu"-Taste und wählen die einzig verfügbare Option „Profile einrichten" (3.Bild v.li.). Am oberen Bildschirmrand erscheint nun die Zeile „Profil erstellen" (4.Bild v.li.). Springen Sie mit dem Thumb Stick in diese Zeile, so dass sie farbig hinterlegt ist und bestätigen Sie Ihre Auswahl mit Druck auf den Stick. Somit wurde Ihr aktuell verwendetes Profil kopiert und mit dem Namen „Höhenprofil 7" betitelt. Dieses finden Sie am unteren Ende der Liste. Durch ein Anwählen und Bestätigen mit dem Thumb Stick können Sie den Namen umbenennen.

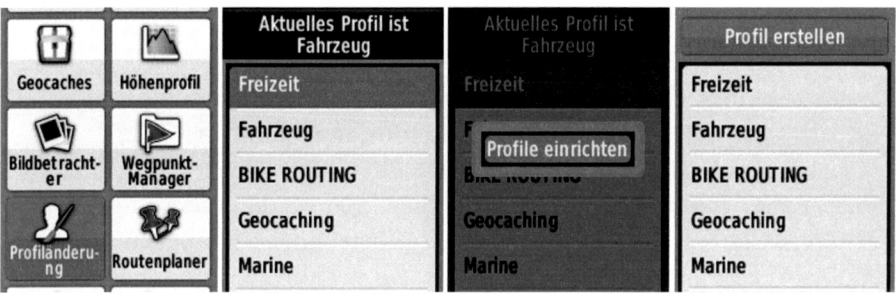

Abbildung 2-13
den eTrex unter einem anderen Profil verwenden | mittels "menu"-Taste ein neues Profil anlegen

Möchten Sie ein Profil aus Ihrem eTrex entfernen, so sollten Sie es mit dem Thumb Stick in den Einstellungen > „Profile" anwählen und mit der erscheinenden Option „Entfernen" löschen können. Das zuletzt hinzugefügte Profil wird sich dagegen jedoch ein wenig wehren, denn es möchte zuerst einmal verwendet werden, bevor es sich wieder löschen lässt. Sollte sich dies sich in Zukunft auch durch Geräteupdates nicht ändern, gehen Sie also folgender Maßen vor (Ausgangspunkt = Hauptmenü):

1. Öffnen Sie die Kategorie „Profiländerung", springen mit Hilfe des Thumb Sticks auf das zuletzt angelegte Profil und rufen dieses durch senkrechten Druck auf den Stick auf. Automatisch landen Sie in dessen Hauptmenü (welches Sie ja löschen wollen).
2. Da Sie nun das aktuell verwendete Profil sowieso nicht löschen können, müssen Sie nochmals in irgendein anderes Profil wechseln. Tun Sie dies wie im 1. Schritt beschrieben.
3. Nachdem Sie nun Ihr neu erstelltes Profil zu mindestens einmal benutzt haben, lässt es sich auch löschen. Rufen Sie also wieder im Hauptmenü die „Einstellungen" und dort „Profile" auf, markieren Sie die letzte Eintragung, also das „Höhenprofil 7", bestätigen Sie die Auswahl mit Druck auf den Thumb Stick und wählen Sie „Entfernen".

Abbildung 2-14
System> Einstellg.>Profile:
Profil mittels Thumb Stick
markieren, bestätigen und
entfernen

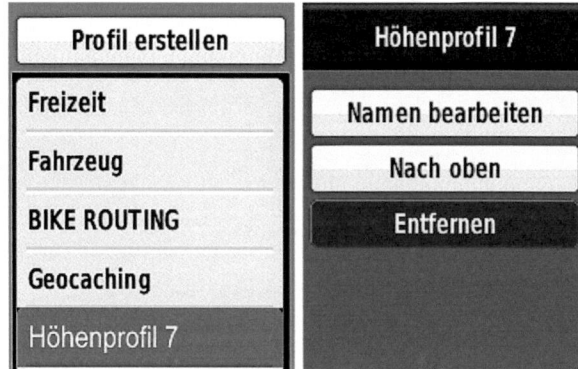

Zusammenfassend bleibt also zu sagen:

- Im Hauptmenü können Sie in der Kategorie „**Profiländerung**" den eTrex schnell in ein anderes Profil umschalten, um für die anstehende Aktivität Ihre dafür speziell ausgetüftelten Einstellungen, Ansichten und Datenfelder zu nutzen.

- Im Gegensatz dazu gelangen Sie durch das Betätigen der „menu"-Taste in die Profileinstellungen, genauso als würden Sie im Hauptmenü > Einstellungen > „**Profile**" wählen. Hier verändern Sie die Existenz der Profile. Sie können also die von Werk aus bestehenden Profile umbenennen oder entfernen sowie weitere eigene Profile anlegen.

Kapitel 3 - **Navigation**

Wie schon im Kapitel1/"Allgemeines" angesprochen, hat man mehrere Möglichkeiten sich mit den kartendarstellenden eTrex-Modellen zu einem bestimmten Ziel leiten zu lassen:

- Entweder wählt man im Gerät die Art der Fortbewegung und das Ziel. Daraufhin errechnet das Gerät den Weg, also eine Route: Das Gerät meldet sich an jeder Weggabelung mit einem Piepston und Abbiegehinweis. Bewegt man sich von der Route weg, wird dies sofort bemerkt und die Route aufgrund der Abweichung korrigiert/neu berechnet. Mit einer Route arbeitet man, wenn das Ziel unterwegs spontan ausgewählt werden soll oder man sich selbst über den Tourverlauf keine Gedanken machen möchte.

oder

- Man hat sich einen Track aus dem Internet geladen oder am PC selbst erstellt, ins GPS-Gerät übertragen und lässt sich diesen Track als Linie im Display anzeigen: Das Gerät schweigt und man muss selbst darauf achten, wo man sich befindet und wo die Tracklinie verläuft. Entfernt man sich vom Track, wandert die Tracklinie zwar aus dem Displaysichtfeld aber bleibt unverändert und wird keinesfalls neu berechnet. Mit einem Track arbeitet man, wenn man genaue Vorstellungen über den Tourverlauf hat, weil man z.B. von dieser Traumtour gehört/gelesen hat.

Vorteil bei der Tracknavigation ist, dass man sich auf den bewusst geplanten Wegen zum Ziel bewegt. Der Track wird im eTrex unverändert angezeigt und keinesfalls neu berechnet. Man kann den Track im Gerät ohne weiteres Kartenmaterial sofort nutzen.

Vorteil bei der Routennavigation ist, dass man vor der Tour am PC keinerlei Vorbereitungen treffen braucht. Das Ziel wählt man bei Tourstart im Gerät. Den Weg dorthin berechnet und erstellt die Gerätesoftware.

Beginnen wir mit der Variante, die die Werbung so verführerisch mit „Einschalten & Los" beschreibt, also mit der

Routennavigation

= die automatische Wegführung (Route) zum Ziel. Der Weg dorthin ist zweitrangig. Es wird der kürzeste und beste Weg vom eTrex errechnet. Man ist der Technik mehr oder weniger ausgeliefert. (Gilt nicht für eTrex 10, dieser kann keine Routennavigation ausführen.)

Eine Route besteht oft nur aus dem Start- und Zielpunkt, eignet sich besonders zum Navigieren in eine Richtung und dient vorrangig der spontanen Zielauswahl im Gerät.

Trotzdem kann man am PC eine Route vorbereiten, so auch mehrere Zwischenziele einfügen und im GPX-Format in das GPS-Gerät laden.

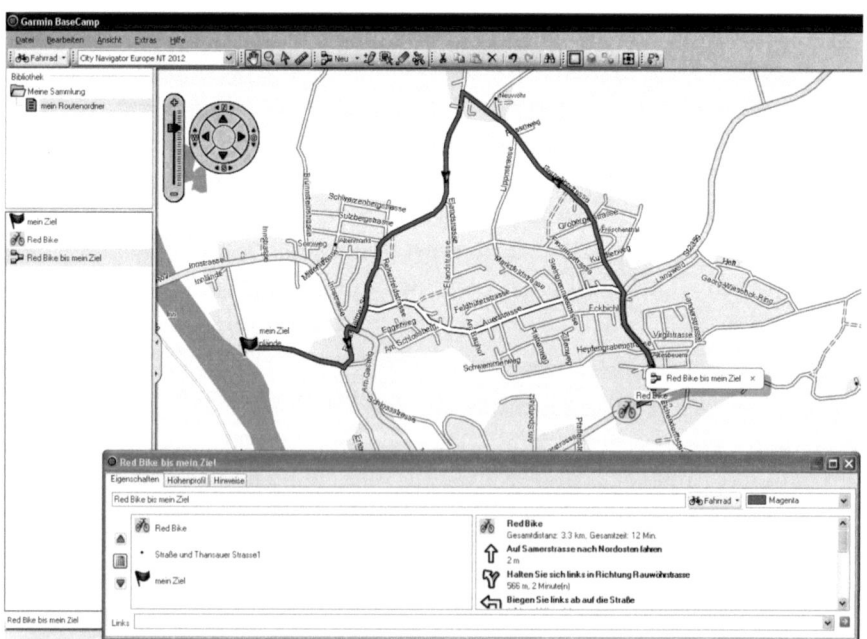

Abbildung 3-1 eine Route am PC erstellen

Diese ist dann im eTrex im „Routenplaner" und in den Zieleingabe-kategorie > „Routen" zu finden. Eine vorbereitete Rundkurs-Route kann im eTrex zu Problemen führen, da es dem Sinn der Routen-navigation widerspricht, den besten/kürzesten Weg zum Ziel zu finden.

Damit das Gerät oder vielmehr die Software des Gerätes überhaupt eine Route zu dem gewählten Zielpunkt berechnen kann, benötigt es routingfähiges Kartenmaterial. Wie im Kapitel1/"verschiedene Kartentypen" näher beschrieben, gibt es eine Vielzahl unterschiedlicher Karten und auch unterschiedliche Möglichkeiten, diese im Gerät zu installieren. Die genauen Vorgehensweisen werden im nachfolgenden Kapitel4/"Karten im GPS-Gerät installieren" ausführlich beschrieben.

Wir gehen also davon aus, wir haben den eTrex bereits mit Kartenmaterial „gefüttert", entweder eine vorpro-grammierte microSD-Karte im Kartensteckfach platziert oder sogar schon vom PC mittels der Garmin-Kartensoftware Kartenteile gesendet. Sollte dennoch die Karte im Display nicht sichtbar sein, ist sie in den Einstellungen womöglich nicht zur Anzeige aktiviert. Öffnen Sie dazu im Hauptmenü > Einstellungen > Karte und vergewissern Sie sich in den Karteninformationen, ob die gewünschte Karte aktiviert ist. Falls nicht, navigieren Sie mit dem Thumb Stick auf das betreffende Kartenfeld, bestätigen dies mit einem senkrechten Druck auf den Stick und wählen „Aktivieren".

Abbildung 3-2 Routing in Garmin´s Topografischen Karte "TransAlpin"

Hat man verschiedene Kartentypen (also Straßen- und Topo-Karte) der gleichen Region auf der microSD-Karte oder im Gerätespeicher liegen, sollte man auch daran denken, dass die Route nur auf der oben liegenden, sichtbaren Karte berechnet wird. Topografische Karten sind im GPS über der Straßenkarte angeordnet und müssen deaktiviert werden, wenn der eTrex den Weg auf der Straße für die Bewegung mit dem Auto berechnen soll (da Topo-Karten schnell einmal die Straßenverkehrsordnung missachten). Um dies nicht zu übersehen ist es ratsam sowieso immer nur die Karte im eTrex aktiviert zu haben, welche man für die aktuelle Unternehmung benötigt. Lassen Sie jedoch die Basiskarte immer aktiviert! Sie bleibt stets im Hintergrund liegen, stört nicht, braucht kaum Speicherplatz, aber ermöglicht einen schnellen Kartenaufbau beim Herauszoomen.

Ein weiterer Punkt für das richtige Berechnen der Route ist also auch die Art der Fortbewegung, für welche die Route berechnet werden soll. Routen werden nämlich für Fußgänger auf anderen Wegen als Routen für Fahrrad oder Auto/Motorrad berechnet. Rufen Sie dazu im Hauptmenü > Einstellungen die Kategorie „Routing" auf. Hier in den **Routing**-Einstellungen haben Sie nun also die Möglichkeit, die Routenberechnung in begrenztem Maße an Ihr Vorhaben anzupassen durch:

- die Routenpräferenz > Entscheiden Sie sich für die Route anhand der kürzeren Zeit oder der geringeren Entfernung. Wollen Sie sich erst später - direkt bei Routenstart - entscheiden, so wählen Sie hier „Auswahl". Wählen Sie nur dann „Luftlinie", wenn Sie sich nur für die Richtung interessieren. ;

- Routen berechnen für > Wählen Sie die Bewegungsart, für die auf den vorhandenen Wegen berechnet werden soll. ;

- Auf Str. zeigen > Dies fixiert die Aufzeichnung auf der Straßenmitte. Im Gelände kann so allerdings die Track-Aufzeichnung auch schnell einmal auf einen benachbarten Weg springen und verwirren. Die Einstellung „Ja" ist also nicht empfehlenswert, wenn Ihnen die genaue Aufzeichnung sehr wichtig ist. ;

- Luftlinienübergänge > Lassen Sie diese auf „Auto", damit dort wo keinerlei Wege in der Karte erfasst sind, das Gerät trotzdem den kürzesten Weg zum Ziel errechnen kann.

- Vermeidung einrichten > Dies ist gerade bei der Nutzung im Auto oder mit dem Rennrad wichtig. Damit will man doch keinesfalls ungeteerte Straßen befahren. Der Punkt „Fahrgemeinschaftsspuren" dürfte in unseren Gefilden kaum von Bedeutung sein. Diese Straßenbenutzungsvorschrift trifft man hauptsächlich in Amerika an und bedeutet, dass diese Wege nicht von allein fahrenden Fahrzeugführern benutzt werden dürfen.

Tourstart Route

Das Gerät ist nun auf Ihre Fortbewegung abgestimmt, und Sie können Ihr Ziel über das Hauptmenü > Zieleingabe aus den umfangreichen Auswahl-Merkmalen oder POIs auswählen sowie die Navigation dorthin mit „Go" starten.

Haben Sie eine Straßenkarte im Gerät installiert, ist die genaue Adresseingabe möglich. Aber auch eigene, abgespeicherte Wegpunkte, kürzlich aufgerufene Elemente, Tracks oder Routen können hier in diesen Zieleingabe-Untergruppen zur Navigation aufgerufen werden.

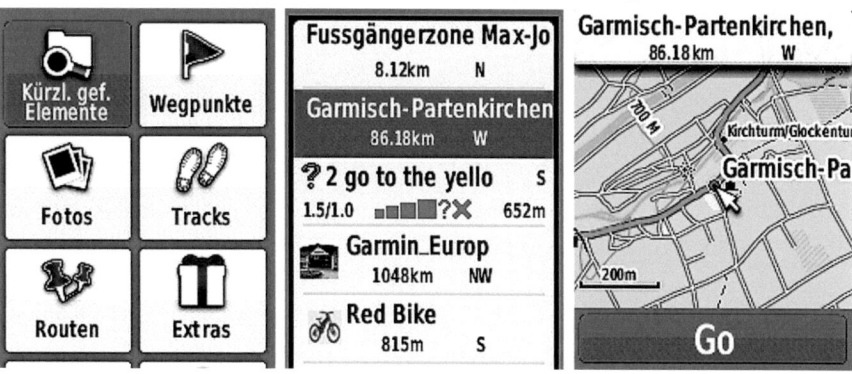

Abbildung 3-3
z.B. „Kürzlich gefundene Elemente" für die Zielauswahl verwenden

Die Suche in den einzelnen Zieleingabe-Untergruppen geht immer vom aktuellen Standort aus und zeigt die Suchergebnisse auch in der Reihenfolge mit steigender Entfernung an. Beispiel: Nun befindet man sich aber gerade auf einer langen Biketour und bemerkt ein langsam heranschleichendes Hungergefühl. Laut Zeitplan käme in etwa 20km eine gute Gelegenheit, eine Pause zu machen. So lässt man sich wie folgt die Einkehrmöglichkeiten von vorausliegenden Orten anzeigen: Hauptmenü > Zieleingabe > nun die „menu"-Taste betätigen: „Suchen nahe" auswählen, im nächsten Schritt die Option „Kartenpunkt" wählen, um den Zeiger in der Karte dorthin führen zu können, wo man nach „Essen und Trinken" suchen möchte. Dann „Verwenden" bestätigen und nun im erneut auftauchenden Zieleingabemenü die POI-Kategorie „Essen und Trinken" > „All Categories" aufrufen. Das Gerät sucht und es geht diesmal nicht vom aktuellen Standort aus.

Natürlich kann man aber auch immer in der normalen Karten-Ansicht Objekte auswählen und die Navigation dorthin starten, wie bereits im Kapitel 2 bei der Erklärung der „menu"-Taste ausführlich beschrieben.

→Tipp: Um unterwegs ein Ziel schneller anwählen zu können, ist es praktisch, wenn man sich die möglichen Ziele zu Hause am PC als Wegpunkte erstellt (in einer GPX-Datei abspeichert) und zum eTrex überträgt. So kann man diese unterwegs im eTrex in der Zieleingabe-Kategorie „Wegpunkte" zügig anwählen und die Navigation dorthin starten. Das gilt natürlich eben nur für die im Voraus bereits geplanten Höhepunkte der Tour, wie z.B. der Badesee, die Eisdiele, …←

Eine Route zum gewählten Zielpunkt wird im eTrex immer ausgehend von der aktuellen Position berechnet. Trotzdem kann man sich eine Route vorbereiten, wobei der Startpunkt eine x-beliebige Position sein kann. Dazu benutzt man im Hauptmenü den „Routenplaner". Durch Aktivierung der oberen Zeile „Route erstellen" haben Sie die Möglichkeit Startpunkt, Zwischenziele und Endpunkt der Route im nachfolgenden Menü wie gewohnt entweder durch Auswahl gespeicherter eigener Wegpunkte oder aus der POI-Sammlung oder durch Suchen in der Karte einzugeben. Haben Sie alle Ihre Zwischen-ziele mit der „Verwenden"-Schaltfläche bestätigt, verlassen Sie das „Route erstellen"-Menü mit einem „back"-Tastendruck. Sie gelangen zurück in das „Routenplaner"-Menü. Sofort ist die eben angelegte Route mit einer Nummer gespeichert und in der Liste unterhalb der Zeile „Route erstellen" aufgeführt. Sie können nun diese neue Route nochmals anklicken und dessen Eigenschaften im erscheinenden Menü bearbeiten, das heißt:

- die „Route bearbeiten", z.b. ein weiteres Zwischenziel einfügen oder die abzufahrende Reihenfolge verändern: Durch Anklicken eines vorhandenen Punktes öffnet sich ein weiteres Untermenü, worin Sie die Reihenfolge des Punktes nach oben oder unten schieben oder den Punkt löschen können. Mit „Lesen" können Sie sich den Punkt einfach nur in der Karte anzeigen lassen und kehren mit „back" wieder zurück. ;

- die Route in der „Karte anzeigen" lassen und mit „Go" starten;

- die „Route umkehren";

- den Routen-„Namen ändern";

- die „Route löschen"

- und das „Höhenprofil" der Route betrachten.

Über die Zieleingabe-Kategorie im Hauptmenü, dort „Routen", können Sie die soeben im Routenplaner erstellte Route ebenfalls zur Navigation aufrufen und mit „Go" starten.

➜ Befinden Sie sich noch nicht am geplanten Startpunkt der vorbereiteten Route und starten diese trotzdem mit „Go", wird der Weg dorthin einfach vorangestellt und bildet mit der geplanten Route eine gesamte Route. Anders verhält es sich, wenn Sie sich bereits mitten auf der geplanten Route befinden und rufen diese erst dort mit „Go" zur Navigation auf. Dann kann es zu Missverständnissen kommen und Ihr eTrex schickt Sie evtl. zuerst wieder an den Anfangspunkt der Route zurück, um von dort die geplante Route mit allen Punkten in der richtigen Reihenfolge ausführen zu können. Eine vorbereitete Route sollte man also nur dann verwenden, wenn man auch sicher an dessen Startpunkt startet bzw. sicher diesen über-schreitet. ⬅

Bei Navigationsstart sollte auf alle Fälle darauf geachtet werden:

- dass man nicht evtl. wegen einer vorausgehenden Nutzung im Raum den Satelliten-Empfang abgeschaltet hatte,

- dass die Routing-Einstellungen korrekt gewählt wurden und die richtige Karte aktiviert ist,

- bei Tourstart die berechnenden Zahlenwerte in der Reisecomputer-Ansicht mit „menu">„Zurücksetzen" auf null bzw. auf Ausgangswerte zurückzusetzen, um die korrekten Tourdaten ablesen zu können und

- die Aufzeichnung zu aktivieren, wenn Sie dies wünschen.

Ansonsten folgen Sie nun einfach der magentafarbenen Routenlinie in der Kartenansicht und dem Führungstext am oberen Bildschirmrand. Im Hauptmenü finden Sie auch die „Aktive Route"n-Ansicht (die Sie sich ja auch in die Seitenfolge der „back"-Taste legen können – Erinnern Sie sich? –), in der Sie die Liste der bevorstehenden Abbiegungen finden. Diese können Sie einzeln anklicken und sich über dessen Abbiegesituation vorinformieren.

Möchten Sie während einer aktiven Route die Berechnungsart in den Luftlinien-Modus ändern, so lässt sich dies leicht im Hauptmenü > Zieleingabe mittels "Luftlinie neu ber." umschalten, danach auch umgekehrt wieder in den Straßenmodus zurück wechseln, ohne dass Sie dabei den Zielpunkt neu eingeben müssen.

Nach der zu navigierenden Tour, wenn das Ziel nicht automatisch erkannt wurde, ist im Menü > Zieleingabe > die Navigation zu beenden „Navig. anhalten".

Tracknavigation

= die „Brotkrumenspur" (Track), die man mit einem GPS-Gerät aufgezeichnet hat und ein anderes Mal wieder verfolgen möchte. Es ist auch die zu Hause am PC Mausklick für Mausklick gezeichnete Tour, die im GPS-Gerät nicht verändert werden kann.

Mittels Mausklick setzt man einen Track-Punkt nach dem anderen, allerdings so genau auf den Weg, dass die zwischen den Punkten entstehende Linie ziemlich genau den Verlauf des Weges der Karte beschreibt. Denn im Gegensatz zur Route berechnet nun nämlich keine Software den Weg zwischen den gesetzten Mausklicks. Nicht mit den routentypischen Zwischenzielen verwechseln! In der GPS-Kartensoftware zeichnet man einen Track also auch mit einem anderen Werkzeug als eine Route. Durch das Zeichnen in einer topografischen Karte in der BaseCamp-Software erhält man somit wichtige Infos zum bevorstehenden Höhenverlauf sowie Gesamtauf- und Abstiegsmeter der Tour (im Registerfenster: Eigenschaften und im Höhenprofil).

Ein Track wird ebenfalls als GPX-Datei im GPX-Ordner des Geräte-speichers abgespeichert und ist nach dem Einschalten des eTrex im Hauptmenü > Track-Manager zu finden.

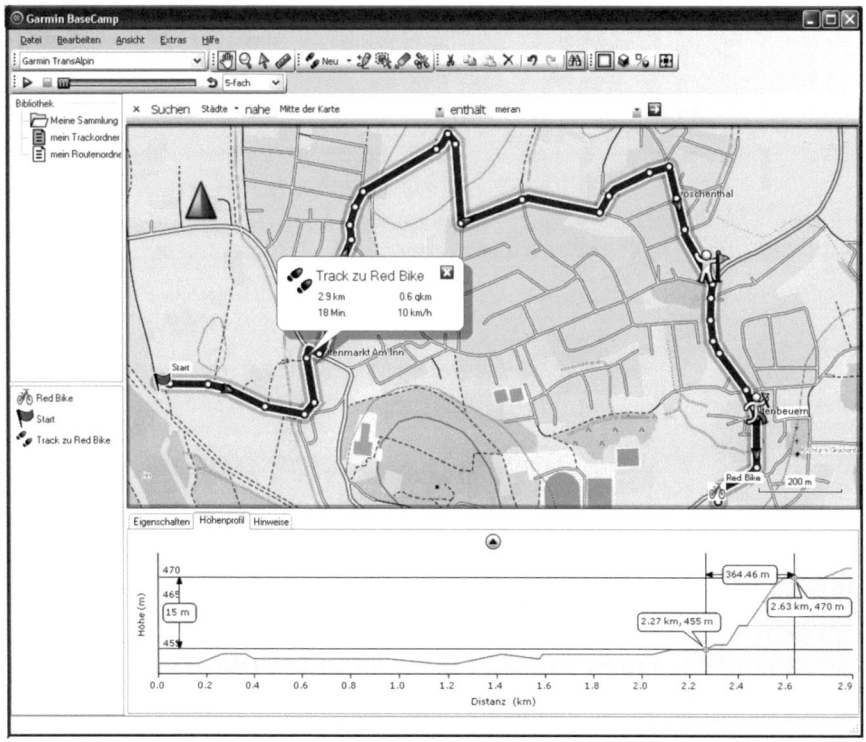

Abbildung 3-4 Track mit 46 Trackpunkten, je ein Mausklick in die Karte; man selbst muss die Mausklicks (also die Trackpunkte) so genau setzen, dass die Linie bestmöglich auf dem in der Karte eingetragenen Weg verläuft.

Die Navigation mittels Track eignet sich vor allem dann, wenn Start- und Zielpunkt identisch sind - was bei einer Fahrradtour meist üblich ist- und überhaupt dann, wenn man konkrete Vorstellungen über den Weg hat.

Bei allen Modellen der eTrex-Serie lässt sich die Tracklinie in einer beliebigen Farbe anzeigen (im Track-Manager > Track anklicken > 3. Zeile: „Auf Karte anzeigen" anklicken und „Farbe wählen") und achtet selber darauf, dass der eigene Positionspfeil auf der Tracklinie bleibt. Bewegt man sich von der Linie weg, rückt sie aus dem Display (da sich der eigene Positionspfeil immer in der unteren Displaymitte befindet). Der Track wird auf keinen Fall durch eine Neuberechnung verändert und bleibt immer so, wie man ihn am PC erstellt hat.

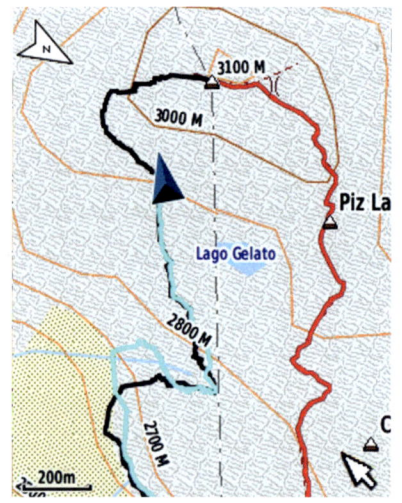

Eine Kartenhinterlegung ist hierzu nicht notwendig, erleichtert die Entscheidung an Weggabelungen jedoch ungemein.

Durch die Anzeige mehrerer Tracks in unterschiedlichen Farben (hier schwarz und rot) kann man sich bestens den geplanten Weg und optionale Wege für eventuelle Tourabbrüche, Entscheidungen vor Ort oder Abkürzungen einblenden. Die türkise Linie markiert den tatsächlich zurückgelegten Weg.

Abbildung 3-5 Kartenansicht mit verschiedenfarbigen Tracklinien

Es ist wahrscheinlich einer der häufigsten Gründe, warum man sich überhaupt ein Outdoor GPS-Gerät anschafft:
Im Internet kursieren inzwischen unendliche, von Anderen bereits aufgezeichnete Touren zum kostenlosen (manchmal auch kostenpflichtigen) Download. Dazu noch eine verlockende Tourbeschreibung

und: „Ja – das ist genau das Richtige für mich. Die Tour muss ich auch unbedingt kennen lernen."

Ohne umfangreiches Studieren von Karten und Erkunden von Wegen lädt man sich den Track in den eTrex, schaltet diese Track-Linie in dessen Eigenschaften in einer gewünschten Farbe als sichtbar und schon kann es losgehen - in einer Gegend, in der man zuvor noch nie war und trotzdem weiß wo es lang geht -. Das ist Freizeitvergnügen pur.

Sie haben sich also für eine Tour aus einem Internetportal entschieden. Auch wenn der Download kostenlos ist, kann es sein, dass man sich wenigstens registrieren muss, um zum Download der GPS-Datei zu gelangen.

Manchmal hat man zwar die Möglichkeit den Track direkt an das Gerät zu senden, sinnvoller und sicherer ist es jedoch, alle Downloads aus dem Internet zuerst auf dem eigenen Rechner abzuspeichern (und natürlich auf Viren zu überprüfen). So behält man einen besseren Überblick und sollte sowieso erst einmal den herunter geladenen Track am PC ansehen, bevor man diesen an das Gerät sendet. So kann man z.B. noch vorhandene Verfahrwege herauslöschen oder findet selber noch eine kleine Verbesserung, wie man diese Tour besser fahren könnte.

Ist der Track schließlich so wie er sein soll, speichern Sie ihn wieder als GPX-Datei auf Ihrem PC ab und kopieren ihn in den GPS-Gerätespeicher wie folgt:

Daten ohne GPS-Software vom PC zum eTrex senden

Stecken Sie den eTrex im ausgeschalteten Zustand per USB-Kabel an den PC an. Wenn sich dieser nicht sofort automatisch einschaltet, betätigen Sie die Einschalt-Taste am eTrex und warten bis dieses „externe Laufwerk" automatisch erkannt wird.

Es sollte sich das Windows-Dialogfenster öffnen, welches Ihnen mögliche Aktionen anbietet. Wählen Sie die ganz unten gelistete „Ordner öffnen"-Aktion, um den eTrex-Gerätespeicher mit all seinen Dateien im Windows-Explorer anzeigen zu lassen. Sicher wird sich auch Ihr Virenscanner zu Wort melden, aber das ist in Ordnung. Lassen Sie die Verbindung zu.

Hat sich das Fenster nicht selbstständig geöffnet, können Sie das externe Laufwerk „GARMIN" auch manuell über „Start" >"Arbeitsplatz" durch einen linken Doppel-Mausklick öffnen.

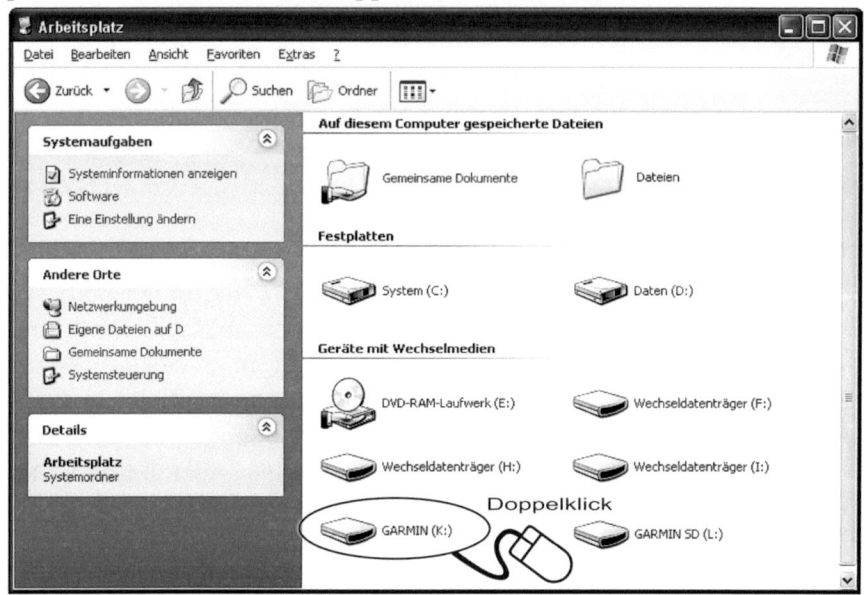

Abbildung 3-6 im Windows-Explorer auf GPS Gerätespeicher und microSD-Kartenspeicher zugreifen

Der eTrex-Gerätespeicher wird mit dem Laufwerksnamen „GARMIN(...)" bezeichnet. Befindet sich eine vorprogrammierte Garmin microSD Karte im Gerät, werden hier zwei „GARMIN" - Laufwerke angezeigt. Befindet sich eine frei bespielbare microSD-Karte im Gerät, wird entweder „SD Karte" oder der von Ihnen umbenannte Name angezeigt. Mit einem Doppelklick auf das Laufwerk mit der „GARMIN(...)"-Bezeichnung öffnen Sie also den Gerätespeicher Ihres eTrex. Auch daran zu erkennen, dass hier ein „Documents"- und ein weiterer „Garmin"-Ordner mit Unterordnern, wie z.B. dem „BirdsEye"-, „CustomMaps"-, „GPX"-Ordner etc. liegen.

➡ **Achtung - Gerätedaten sichern:** (siehe dazu Kap.4/"Sicherungs-datei des GPS-Gerätespeichers anlegen"). ⬅

Zurück zum Senden des Tracks:

In dem geöffneten Fenster des Windows-Explorers kann nun die GPX-Trackdatei ganz einfach mit der Maus durch das Drag&Drop-Kopierverfahren in den Gerätespeicher des eTrex kopiert werden.

Vorgehen: Das funktioniert am einfachsten, wenn man sich auf der linken Seite des Explorer-Fensters die Ordnerstruktur des PCs anzeigen lässt (durch Anklicken des Buttons „Ordner" in der oberen Leiste). Klicken Sie dann in der linken Ordnerliste auf den Namen des Ordners, in dem Sie den gespeicherten Track (z.B. aus dem Internet) auf Ihrer PC-Festplatte abgelegt haben. Es erscheint im rechten Fensterteil der gesamte Inhalt des links angeklickten Ordners. Sie sollten nun also rechts die gespeicherte Track-Datei mit dem Track, den Sie zum Gerät senden möchten, sehen.

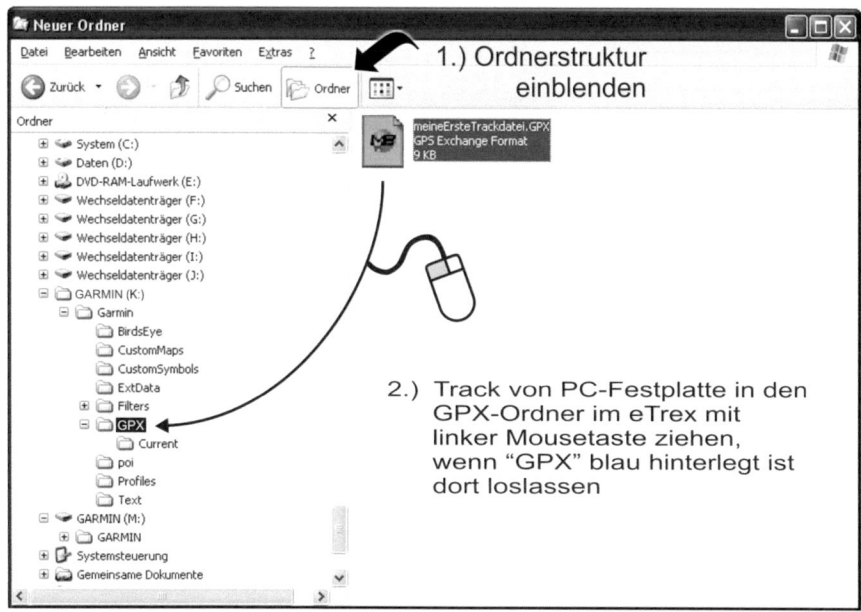

Abbildung 3-7
Track als GPX-Datei in GPX-Ordner des GPS-Gerätespeichers kopieren

In der linken Ordnerliste scrollen Sie nun bitte bis zum Arbeitsplatz > „GARMIN(…)" (Gerätespeicher) und klicken mit der linken Maustaste auf das kleine „Plus"-Zeichen vor den „GARMIN"- Buchstaben und dann noch einmal auf das Plus vor dem „Garmin"- Ordner, bis Sie den GPX-Ordner links in der Liste sehen können.

Klicken Sie nun im rechten Fensterteil den Track (die GPX-Datei) mit der linken Maustaste an, halten Sie während der gesamten Aktion zusätzlich die „STRG"-Taste gedrückt (Kopieren-Funktion), ziehen Sie mit gehaltener Maustaste den Track in die linke Liste genau auf den GPX-Ordner, bis dieser blau hinterlegt ist, und lassen Sie genau an dieser Stelle los. (Dieselbe Aktion erzielen Sie natürlich auch mit der Kopieren- und Einfügen-Funktion aus dem Kontextmenü des rechten Mausklicks auf die Datei.) Fertig!

Zur Überprüfung klicken Sie nun in der linken Liste auf die Bezeichnung „GPX", dessen Ordner-Inhalt im rechten Fenster angezeigt wird, und sollten dort die kopierte GPX-Datei finden.

Genauso können auch GPX-Dateien auf einer leeren microSD-Karte abgelegt werden, die Sie im eTrex platziert haben. Dazu benötigt die noch leere Speicherkarte allerdings die gleiche Ordnerstruktur wie die des eTrex-Gerätespeichers. Das genaue Vorgehen wird im Kapitel4/„microSD-Karte einrichten" genau beschrieben.

➜ Der Name der GPX-Datei hat nichts mit dem Namen des Tracks zu tun, der im eTrex im Track-Manager angezeigt wird. Denn dort ist der Name des Tracks, der beim Erstellen oder Bearbeiten in der GPS-Software am PC vergeben wurde, zu finden. ⬅

Der zur Verfügung stehende Speicherplatz für Tracks, Routen, Wegpunkte etc., die man an den eTrex senden möchte, ist auf keine bestimmte Anzahl begrenzt. Da auf den eTrex-Geräte- sowie Kartenspeicher wie auf ein externes Laufwerk vom PC aus zugegriffen werden kann, könnte man diesen mit GPS-Objekten regelrecht vollstopfen. Jedoch sollte man bedenken, dass sich diese Dateien in übermäßiger Anzahl natürlich auch auf die Rechenleistung/Schnellig-keit des eTrex auswirken, was man dann eventuell auch schon beim

Gerätestart bemerken wird. Es macht auch einen Unterschied, wie viele Tracks zur Anzeige in der Karte aktiviert sind und ob jede einzelne GPX-Datei einen oder mehrere Tracks enthält. Außerdem sollte man dem Gerät selbst reichlich Platz für die Track-Aufzeichnungen lassen.

Entfernen Sie nun die Hardware sicher vom Computer über die Entfernen-Funktion in Windows (rechts unten in der Taskleiste, der grüne Pfeil) und trennen Sie Ihren eTrex vom USB-Kabel.

Eine weitere Möglichkeit wie Sie einen Track in den eTrex bekommen (betrifft allerdings nur die Modelle mit ANT+-Funktion), ist die der drahtlosen Übertragung von Gerät zu Gerät. Hat die Tour also z.B. Ihr Bekannter bereits in seinem ANT+-kompatiblen Gerät vorliegen, bringt man beide Geräte auf einen geringen Abstand (<10m) zueinander und blättert im Hauptmenü zu der Kategorie „Drahtlos übertragen". Ihr Gegenüber wählt im erscheinenden Fenster „Senden", Sie wählen in diesem Fall natürlich „Empfangen" und warten ab was geschieht, während Ihr Bekannter im nächsten Schritt noch auswählen muss, was er überhaupt senden möchte. Denn es können nicht nur Tracks, sondern auch Routen, Wegpunkte und Geocaches übertragen werden. Ist der Vorgang gestartet, sehen Sie beide im Gerätedisplay den Fortschritt der Übertragung. Die Informationen und Bearbeitungs-optionen zu dem gesendeten Track finden Sie nach dem Sendevorgang ebenfalls im Hauptmenü im Track-Manager, zu Wegpunkten natürlich im Wegpunkt-Manager, sowie Routen im Routenplaner usw.

Der Track befindet sich nun im eTrex-Gerätespeicher, wird allerdings am Display in der Kartenansicht noch nicht angezeigt. Was viele jetzt verwechseln und auch gar nicht beabsichtigen ist, dass sie davon ausgehen, dass man den Track bei Tour-Start im Gerät zur Navigation aufrufen muss.

Nein! Das Einzige, was Sie jetzt tun: Sie teilen dem eTrex mit, dass er den im Speicher befindlichen Track in der Karte und Ihrer Wunschfarbe anzeigen soll. Hat man zusätzliche Optionalstrecken ausgearbeitet (weil man sich nicht sicher ist, ob die Tour so zu schaffen

ist und man evtl. abkürzen muss), weist man diesen jeweils eine andere Linienfarbe zu und kann unterwegs am Display sofort erkennen, wo die Optionalstrecke abzweigt.
Es geht jetzt also nur um das Einblenden/Anschalten der Tracklinie, was man am besten sofort nach dem Sendevorgang vollzieht, um auch gleichzeitig die korrekte Übertragung zum GPS-Gerät zu überprüfen.

Vorgehen am eTrex: Hauptmenü > Track-Manager > den gewünschten Track anklicken, in der erscheinenden Trackeigenschaften-Bearbeitungsansicht auf die 3.Zeile klicken:

- „**Auf Karte anzeigen**" - Damit schalten Sie nun die Tracklinie in der Karte sichtbar. Danach wechselt die Zeilen-Beschriftung lediglich zu „Auf Karte ausblenden", wodurch Sie also dann die Möglichkeit hätten, den in der Karte sichtbar geschalteten Track wieder unsichtbar zu schalten.

Durch Anklicken der gleich darunter folgenden Zeile:

- „**Farbe wählen**" bestimmen Sie, in welcher Farbe diese Tracklinie in der Karte angezeigt werden soll, dunkle Farben eignen sich meistens am besten. (Die am PC in BaseCamp beim Erstellen des Tracks gewählte Farbe wird übernommen und ist bereits voreingestellt.)

Abbildung 3-8 Track-Manager / Eigenschaftsliste zum Track

Das wäre alles. Kehren Sie danach unbedingt mit einem doppelten „back"-Tastendruck aus dem Track-Manager in das Hauptmenü zurück, und öffnen Sie die normale Kartenansicht, in der Sie nun Ihre Linie sehen sollten, sobald Sie sich in dieser Gegend befinden. Die

Einstellungen zum Track bleiben auch nach einem erneuten Geräte-start bestehen.

Tourstart-Track

So würden Sie nun am Ausgangspunkt Ihrer geplanten Tour das GPS-Gerät einschalten und sofort die Linie Ihres Tourverlaufs im Display sehen. Sie bräuchten also keinerlei Navigation zu starten. Das Gerät zeigt stillschweigend Ihre geplante Tour (Linie) in der Farbe Ihrer Wahl an, hält sich aus jeglicher Wegberechnung heraus, blendet aber auch keine Abbiegehinweise ein. Sie alleine müssen stets überprüfen, ob Sie sich noch auf Ihrer geplanten Linie bewegen. Zoomen Sie dazu mit der ▼ Zoom-Taste so weit in die Karten-Ansicht, dass Sie alle Wege im Verhältnis zu Ihrer Bewegungsgeschwindigkeit gut im Blickfeld haben. So werden Sie vermutlich einen Darstellungsmaßstab zwischen 50 und 120 Metern als angenehm empfinden. Denken Sie bei Tourstart unbedingt daran, im Einstellungen-Menü mit „Zurück-setzen" bzw. in der Reisecomputer-Ansicht mittels „menu"-Taste die Werte aller Datenfelder auf null zu setzen und die Trackaufzeichnung zu aktivieren, falls diese ausgeschaltet ist (Hauptmenü > Einstellungen > Tracks > Trackaufzeichnung > „Aufz., auf Karte anz.").

In den Eigenschaften eines jeden Tracks der im Track-Manager liegt, können Sie den Track des Weiteren:

- im „Höhenprofil" betrachten, um sich über dessen Höhen-unterschiede vorzuinformieren;

- im „Namen ändern";

- mit „Track umkehren" in seiner Richtung verändern, um so die korrekte Höhenprofildarstellung zu erhalten;

- mit „Entfernen" aus dem Speicher löschen, falls man dies nicht am PC tun möchte

und

- mit „Archivieren" in einem der 200 Archivspeicherplätze ablegen. Warum man dies tun sollte, soll jeder für sich entscheiden. (Der Archivspeicher ist in erster Linie für die aktuelle Trackaufzeichnung und deren automatischer Auslagerungsfunktion gedacht.)

Haben Sie nun alle Einstellungen zu dem jeweiligen Track getroffen, bleiben diese auch nach einem erneuten Gerätestart bestehen.

➜ Derzeit ist es mit den routingfähigen Geräten der neuen eTrex-Serie nicht möglich, eine Tracklinie als Route zu verwenden, um Abbiege-hinweise zu erhalten. Aktivieren Sie trotzdem die 1.Zeile „**Karte anzeigen**" in den Trackeigenschaften (1.Bild v.li.), um zu sehen was lediglich passiert. Es öffnet sich eine Kartenansicht, welche Ihnen einen grafischen Überblick verschafft, wo sich dieser Track überhaupt befindet (2.Bild v.li.). Am unteren Rand lädt Sie die „Go"-Schalftfläche ein, diesen Track als automatische Navigation zu starten - theoretisch so wie beim Routing. Praktisch passiert jedoch nicht mehr, als dass die Tracklinie in der normalen Kartenansicht magentafarben dargestellt und neben dem aufzeichnenden auch das bevorstehende Höhenprofil angezeigt wird (3.Bild v.li.). ⇐

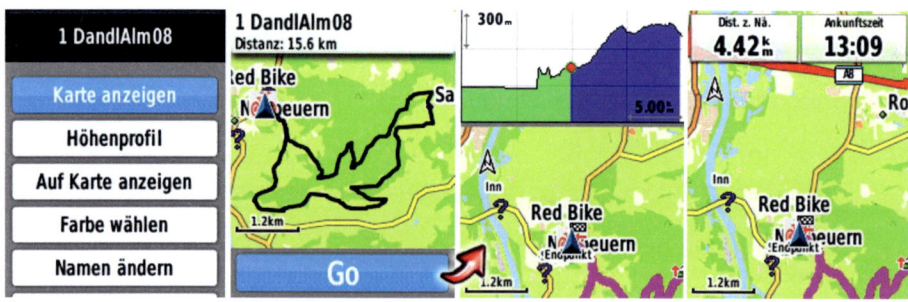

Abbildung 3-9 Einen Track zur Navigation mit „Go" starten, um das bevor-stehende Höhenprofil zu sehen oder z.B. verbleibende Kilometer zum Ziel zu erfahren. Die gewünschten Datenfelder bzw. die Anzeige des Höhenprofils ist mittels „menu"-Taste einstellbar.

Track mit Abbiegehinweisen

Einen Trick gibt es jedoch schon, damit Sie Ihr eTrex auf einem Track aufmerksam macht, sobald eine Abbiegung auftaucht. Dafür müssen Sie all diese Abbiegepunkte als Wegpunkte erstellen. Das wäre am Gerät möglich, macht sicher aber in der Kartensoftware am PC wesentlich besser. Grundlegendes zum Zeichnen in „BaseCamp" erfahren Sie in Kapitel 4. Hier nur mal die Theorie:

Lassen Sie sich Ihren Track in der Kartensoftware am PC anzeigen und setzten Sie an jede Abbiegung einen Wegpunkt, den Sie dann mit „links", „rechts", „aufpassen" etc. ganz nach Ihren Wünschen betiteln. Am Ende speichern Sie sich alle diese Abbiege-Wegpunkte in einer GPX-Datei ab. Verwenden Sie nun den Garmin POI-Loader von der Seite: www.garmin.de > Extras > Downloads. Mit diesem kleinen Tool, welches auf dem PC installiert wird, können Sie Wegpunkt-Dateien in POIs umwandeln und in diesem Prozess ebenfalls auch gleich die Alarmierungsfunktion veranlassen. Diesen Alarm müssten Sie sonst nämlich im Gerät bei jedem einzelnen Wegpunkt aktivieren (Hauptmenü > Annäh.wegp. > „Alarm erstellen").

Starten Sie den POI-Loader und wählen Sie als Speicherort für die POIs „Benutzerdefinierter Ordner", da wir zuallererst alles am PC abspeichern wollen. Der nächste Schritt fragt Sie nach dem Dateilink, wo die umgewandelte POI-Datei abgelegt werden soll. Daraufhin legen Sie im nächsten Fenster fest, wo die Wegpunktdatei liegt, die nun umgewandelt werden soll. Darunter wählen Sie die Einheit, in der Sie den Umkreis eingeben möchten, ab wo der Alarm auslösen soll.

Wählen Sie den Umwandlungsmodus „Manuell" damit Sie im nächsten Schritt (Bild rechts) den Umkreis selbst eintragen können. Überlegen Sie, wie weit vorher Sie auf eine Abbiegung aufmerksam gemacht werden möchten. Fertig.

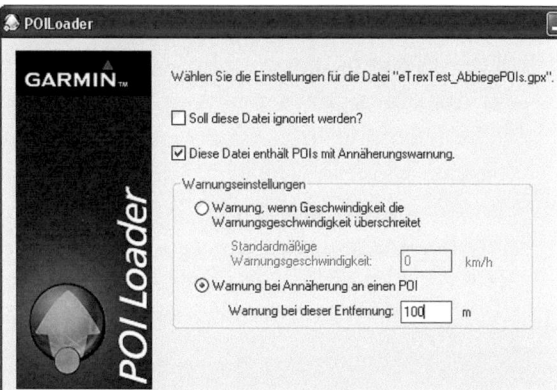

Abbildung 3-10
Wegpunkte zu POIs mit
Alarmfunktion umwandeln

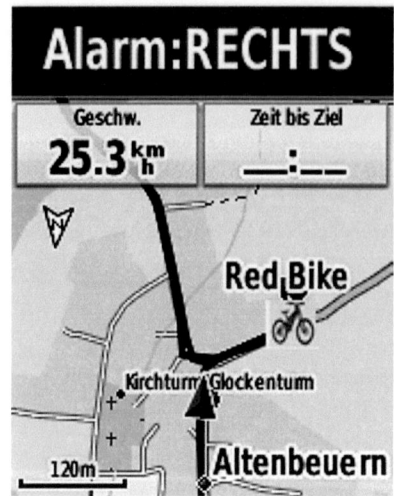

Abbildung 3-11 Annäherungsalarm

Stecken Sie Ihren eTrex per USB am PC an. Erstellen Sie im „Garmin"-Ordner einen „poi"-Ordner (siehe Kapitel4/"System-/Ordnerstruktur") und kopieren Sie dort die soeben umgewandelte „POI.gpi"-Datei hinein.

Die Alarme sind nun sofort im eTrex aktiv, sobald Sie den gewählten Alarmierungsbereich betreten und in den Systemeinstellungen > die Töne und Annäherungsalarme > „Ein" geschaltet sind.

Wenn Sie den Track nun allerdings in der umgekehrten Richtung abfahren, so bleiben die Abbiege-POIs weiterhin unverändert und würden ständig die falsche Richtung melden.

Peilen und los

Wer sich im Gelände bewegt wo vielleicht noch nicht einmal ein Wanderweg in der Karte erfasst ist oder von diesem Bereich gar keine Karte im eTrex vorliegen hat, kann sich mit der Funktion „Peilen und los" gut an einem in der Ferne sichtbaren Ziel orientieren und der Navigation anhand der Kompassnadel und Luftlinie folgen.

Da man nun aber von der Stelle, von der man das Ziel zwar gut sehen kann, nicht immer geradewegs darauf zulaufen kann, lässt sich mit dieser Funktion das Ziel im eTrex festhalten. In der Kartenansicht wird der ursprüngliche Kurs (vom Startpunkt zum Ziel) als magentafarbene dicke Richtungslinie angezeigt. Können Sie nun dieser Ideallinie nicht folgen, sondern müssen vielleicht zuerst einmal um einen Berg herumlaufen oder in ein Tal absteigen, wird eine zusätzliche etwas dünnere magentafarbene Linie sichtbar. Das ist die Peilungslinie, die stets von Ihrer aktuellen Position geradlinig zum Ziel weist.

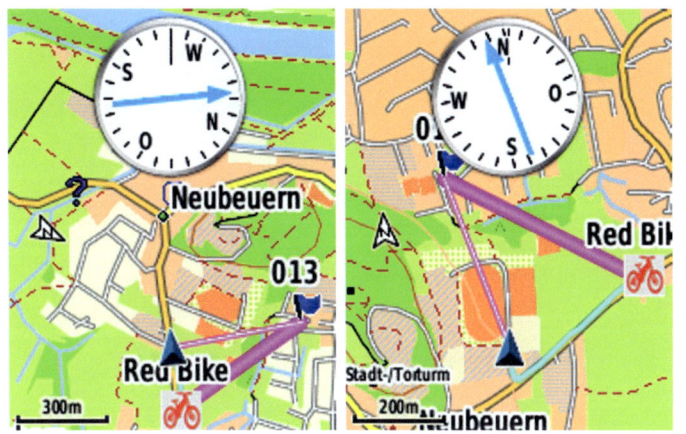

Abbildung 3-12 Kurs- und Peilungslinie in Karten-Ansicht, ausgehend von RedBike zum anvisierten Punkt „013"

Vorgehen: um ein Ziel anzupeilen öffnen Sie die Anwendung „Peilen und los" im Hauptmenü. Halten Sie das Gerät in die Richtung Ihres Ziels und wählen dann „Richtung sperren". Im erscheinenden Fenster klicken Sie dann auf „Wegpunkt-Projektion" und wählen die Maßeinheit aus, in der Sie die geschätzte Entfernung eingeben wollen und tippen im nächsten Schritt die Zahl ein. Letztendlich wählen Sie „Speichern", damit die Navigation sofort gestartet wird. Ganz nach Belieben können Sie sich nun mit der Karten- oder Kompass-Ansicht zum Ziel navigieren.

Benutzen Sie für die „Peilen und los"-Funktion die Kompass-Einstellung > Zielfahrt-Linie > „Kurs (CDI)". So sehen Sie in der Kompass-Ansicht zum einen Ihre ursprüngliche Kursrichtung, dargestellt durch die Pfeilspitze und dessen Ende. Zum anderen erkennen Sie Ihre momentane Abweichung vom Kurs, dargestellt durch den variierenden Mittelsteg des Pfeils. Dieser entfernt sich mit dem Verhältnis Ihrer Abweichung vom Kurs aus der Pfeilflucht. Befinden sich also Anfang, Mitte und Ende des Pfeils in einer

Abbildung 3-13 Kurs- und Peilungsrichtung in der Kompass-Ansicht

Flucht, bewegen Sie sich direkt auf Ihr angepeiltes Ziel zu.

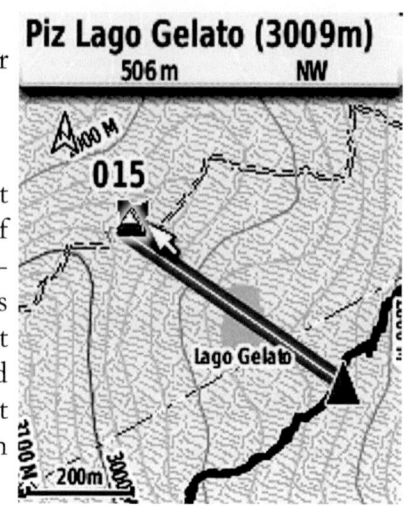

Die „Peilen und los"-Funktion lässt sich auch gut dazu verwenden, um auf Tour herauszufinden, wie die Bergspitzen des umliegenden Panoramas heißen. Dazu muss man lediglich gut Entfernungen schätzen können und kann dann in der Kartenansicht nachschauen, welche Berggipfel sich am angepeilten Endpunkt befinden.

Abbildung 3-14 umliegende Berggipfel anpeilen, um sich über dessen Namen zu informieren

TracBack

Selbst wenn Sie keine Tour in Ihrem eTrex zur Navigation aufgerufen haben, sich auch keine abzufahrenden Tracklinie anzeigen lassen, sondern nur die aktuelle Trackaufzeichnung aktiviert haben, kann Sie Ihr GPS-Gerät navigieren und zwar: den gesamten Weg zurück (TracBack).

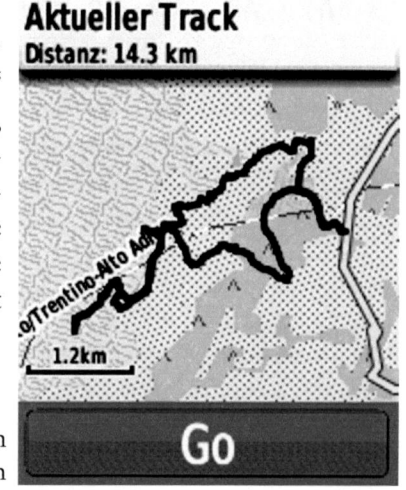

Im Hauptmenü > Track-Manager > Aktueller Track > „Karte anzeigen" zeigt der eTrex alle Aufzeichnungen, die sich noch im aktuellen Trackspeicher befinden, als eine zurückverfolgbare Linie sowie die blaue „Go"-Schaltfläche an, mit der nun die rückwärtige Wegberechnung gestartet werden kann.

Abbildung 3-15 auf dem aktuellen Track zurück zum Start navigieren

Diese anfangs oft belächelte Funktion könnte in der unbekannten Urlaubsregion, in Wüstenlandschaften, wo kein Weg erkennbar ist, oder bei plötzlichem Wetterumschwung im Hochgebirge von lebensrettender Bedeutung sein.

Also trotzdem mal im Hinterkopf behalten!

Tourstart/Tourende - Schritte am Gerät

Denken Sie unbedingt zu Beginn jeder Tour an folgende drei Schritte:

- vorbereiteten Track anzeigen lassen oder Route starten (im Falle eines Routenstarts zuvor die Routing-Einstellungen der Bewegungsart anpassen),

- Reisecomputer zurücksetzen,

- Trackaufzeichnung einschalten, wenn gewünscht.

Nach der Tour:

- Trackaufzeichnung ausschalten, wenn gewünscht,

- evtl. gestartete Navigation beenden, wenn das Ziel nicht erkannt/erreicht wurde (im Hauptmenü > Zieleingabe > „Navigation anhalten")

- Track eigenhändig abspeichern, um den Track von nachfolgenden Aufzeichnungen abzutrennen (im Hauptmenü > Track-Manager > Aktueller Track > „Track speichern"), anschließend auch den aktuellen Trackspeicher leeren, um eine doppelte Speicherbelegung zu vermeiden

  oder auf die automatische Archivierungsfunktion des eTrex vertrauen und am PC etwas mehr Arbeit haben.

Lässt man die Trackaufzeichnung dauerhaft aktiviert, hat das manuelle Abspeichern direkt nach der Tour den Vorteil, dass man auch wirklich nur die reinen Tourdaten sauber in einer eigenen GPX-Datei abspeichert (ohne z.B. der versehentlich erzeugten Luftlinie zum nächsten Aufzeichnungsort). Somit behält man eine bessere Übersicht im Gerät, während man am PC diese Track-Datei im GPX-Ordner des Gerätespeichers schnell wiederfindet.

Möchte man die Aufzeichnungen sowieso am PC nachbearbeiten, kann man auf das manuelle Abspeichern verzichten. Der eTrex erledigt diese Aufgabe automatisch, je nach Einstellung „wenn voll", „täglich" oder „wöchentlich". In der PC-Software „BaseCamp" werden alle im Gerät liegenden Aufzeichnungen als eigenständige Tracks dargestellt. Eine Trennung zwischen den Aufzeichnungen, also die Information für einen neuen Track, werden beim Zurücksetzen des Reisecomputers oder dem Aus- und Einschalten der Trackaufzeichnung veranlasst. Wird das Gerät mit aktiver Trackaufzeichnung ausgeschaltet und an einem anderen Ort wieder eingeschaltet, entsteht dazwischen eine Verbindungslinie und bildet einen gesamten Track aus zwei Touren. Dieser muss dann am PC geteilt und von dieser wahrscheinlich ungewollten Luftlinie ausgesäubert werden, wenn man ein ordnungsliebender Mensch ist.

Trackaufzeichnung abspeichern

Nachdem man den Track im Gerät manuell abgespeichert hat öffnet sich gleich darauf ein Fenster, welches nachfragt, ob der aktuelle Track gelöscht werden kann. Das bedeutet: Die Modelle der neuen eTrex-Serie haben verschiedene Speicherplätze: einen aktuellen Speicher mit 10.000 Trackpunkten. Darin befindet sich alles, was aktuell vom Gerät aufgezeichnet und noch nicht vom Benutzer gelöscht wurde. Auch nachdem man den Reisecomputer auf null gesetzt hatte, wird die neu beginnende Aufzeichnung zwar als neuer Abschnitt, aber ebenfalls in diesem aktuellen (momentanen) Trackspeicher abgelegt. Deshalb hat man beim Abspeichern auch die Wahl: ganzen „Track speichern" oder „Abschnitt speichern", wobei man den entsprechenden Abschnitt nach Datum und Uhrzeit auswählen kann.

Dieser manuell (durch Sie) ausgeführte Speichervorgang legt die Trackaufzeichnung im GPX-Format in einen anderen Speicher und zwar in den Trackpunkte-technisch unbegrenzten GPX-Ordner in Ihrem Gerätespeicher. Diesen separat gespeicherten Track werden Sie danach im Gerät im Track-Manager <u>unterhalb</u> der Zeile „Archivierte Tracks" wiederfinden.

…und ebenso nach dem Anschließen per USB am PC als GPX-Datei im GPX-Ordner Ihres eTrex-Gerätespeichers mit dem Datum oder der Bezeichnung, welche Sie beim Speichern eingetippt haben, wiederfinden.

Nach dem manuellen Abspeichern befindet sich also die Trackaufzeichnung in doppelter Weise in Ihrem Gerät:

- einmal im „aktuellen Trackspeicher"

- und als zweites in Ihrer soeben persönlich angelegten Speicherdatei im Gerätespeicher.

Daher werden Sie nach dem Abspeichern gefragt, ob Sie den „<u>aktuellen Track löschen</u>" wollen. Das entfernt dann alle bisherigen Aufzeichnungen aus dem „aktuellen Trackspeicher". Damit haben Sie diese Aufzeichnungen nicht mehr doppelt im Gerät und für das Übertragen zum heimischen PC schon ordentlich und wiedererkennbar zur Seite gelegt.

Der Ordner „<u>Archivierte Tracks</u>" ist ein weiterer Speicher-Ordner, in dem 200 Speicherplätze mit jeweils 10.000 Trackpunkten zur Verfügung stehen. Dieser Speicherplatz ist der automatischen Auslagerungsfunktion des eTrex zugewiesen. Ist der aktuelle Trackspeicher voll oder die Trackaufzeichnungs-Einstellung so gewählt, dass täglich oder wöchentlich archiviert werden soll, wandern diese Trackaufzeichnungen automatisch aus dem aktuellen Trackspeicher in diesen Archiv-Ordner.

Man verfügt also sozusagen über drei verschiedene Speicher-Kategorien im Gerätespeicher: aktueller Speicher, Archiv-Speicher und „frei" verfügbarer GPX-Speicher (Ordner).

Sind Sie mehrere Tage unterwegs, ist es ratsam, spätestens aller zwei Tage die aktuelle Aufzeichnung separat abzuspeichern und den „aktuellen Trackspeicher" zu entleeren. Denn man kann pro Tag mit

2.500-4.000 aufgezeichneten Trackpunkten rechnen (normale Track-aufzeichnungs-Einstellung).

Wem das manuelle Speichern unterwegs viel zu stressig ist, kann mit der automatischen Archivierungseinstellung „täglich" ebenfalls eine gute Übersicht in seinem eTrex behalten. So ist jeder Tag als einzelne Datei archiviert und bei 200 Speicherplätzen muss man ja eigentlich auch nicht geizen.

Natürlich kann man auch alles im Rohzustand belassen, der automatischen Archivierungsfunktion „wenn voll" vertrauen und die Aufzeichnungen nach dem Hochladen in den PC in BaseCamp oder anderer geeigneter GPS-Software nachträglich „aussäubern".

➜ Sie können mit den Modellen der neuen eTrex-Familie 200 Aufzeichnungen mit jeweils bis zu 10.000 Trackpunkten im Archiv abspeichern lassen. Zusätzlich können Sie weitere Tracks, Routen, Wegpunkte und Geocaches in die GPX-Ordner des Geräte- und microSD-Kartenspeichers laden. Durch den grünen Balken, der beim Einschalten des Gerätes sichtbar wird (waagerecht, am unteren Displayrand), lässt sich erkennen, wie voll die Speicherplätze sind. Wird der Gerätestart dadurch enorm verzögert, sollte man wohl mal seinen eTrex „entmüllen", die nicht mehr benötigten GPS-Dateien zu Hause abspeichern.

Denn das GPS-Gerät sollte nicht der Speicherort Ihrer gesamten Tourensammlung sein. ⬅

„Herzlichen Glückwunsch" – die Einweisung am Gerät ist erfolgt! Sie sollten nun wissen:

- mit den grundlegenden GPS-Begriffen umzugehen;
- welche Arten der GPS-Navigation Ihr eTrex beherrscht und wie Sie diese nutzen;
- welche Geräte-Einstellungen speziell für Sie interessant bzw. wichtig sind und wo Sie diese finden;
- wie Sie Tracks in Ihr GPS-Gerät laden und im Display anzeigen lassen können;
- wie Sie Routen im Gerät starten oder vorbereiten können

und

- wie Sie GPS-Aufzeichnungen im Gerät verwalten.

Wissen Sie hiervon etwas nicht, fangen Sie noch einmal von vorne an. Nein, kleiner Scherz! Am Buchanfang ist die Kapitelübersicht, wo Sie schnell das Thema finden werden, was Ihnen vielleicht inzwischen wieder etwas unklar geworden ist, um das noch einmal nachschlagen zu können.

TOURENPLANUNG
UND AUSWERTUNG

Kapitel 4 - **Arbeiten am PC**

Garmin Dateiformate: GPX, GDB, FIT, TCX, CRS

GPX-Datei

Eine GPX-Datei kann jeweils eine(n) oder mehrere Wegpunkte, Route(n) und/oder Track(s) enthalten. Es ist ein sehr universelles Format, welches inzwischen von fast allen GPS-Programmen am PC geöffnet werden kann. Tracks, Routen und Wegpunkte können die Geräte der eTrex-Serie nur in diesem Format verarbeiten.

GDB-Dateiformat

Hier handelt es sich um das hauseigene Dateiformat der Garmin-Datenbank, auf das sich das Arbeiten in MapSource und BaseCamp am PC aufbaut. Dateien in diesem Format beinhalten alles, was man innerhalb eines Projektes erstellt/bearbeitet hat. In BaseCamp können so dem Track zugewiesene Verlinkungen zu Fotodateien mit abgespeichert werden. Solche Software-bezogenen Formate können aber auch nur von der gleichen Software wieder geöffnet werden. Dateien im GDB-Format gehören nicht in den eTrex. Dieser kann damit nichts anfangen.

FIT- , TCX- u. CRS-Dateiformat

Eine FIT-, TCX- oder CRS- (frühere Version) Datei enthält neben den normalen GPS-Informationen auch Trainingsinformationen aus einem Garmin-Trainingsgerät. Eine solche Datei kann ein oder mehrere Strecken, Trainings, Aktivitäten sowie Benutzer-/Radprofile und Puls-/Leistungs-/Geschwindigkeitsbereiche beinhalten. Die Modelle der eTrex-Serie können mit diesen Dateien nichts anfangen.

Sicherungsdatei des GPS-Gerätespeichers anlegen

Sobald Sie Ihren eTrex das erste Mal am PC anschließen, bevor Sie also das erste Mal die Chance haben, aus Versehen eine wichtige Systemdatei zu löschen, legen Sie sich bitte zuallererst eine Sicherungsdatei Ihres GPS-Gerätespeichers an!

Stecken Sie Ihren eTrex per USB-Kabel am heimischen Rechner an und warten Sie, bis sich das Dialogfenster mit der Auswahl „Ordner öffnen, um Dateien anzuzeigen…" geöffnet hat. Dadurch öffnet sich der Windows-Explorer und zeigt Ihnen die im eTrex-Gerätespeicher („GARMIN…") liegenden Dateien. Kopieren Sie sich nun alle hier liegenden Dateien sowie die kompletten „Garmin" und „Documents"-Ordner und speichern Sie sich diese auf einem sicheren Speichermedium für alle Ewigkeit ab. So können Sie versehentlich gelöschte Dateien mit Ihrer Sicherungsdatei wieder herstellen und sich so eventuell ein Einschicken zu Garmin ersparen.

System-/Ordnerstruktur des Gerätespeichers

Damit die Dateien im Gerätespeicher gelesen werden können, ist die abgebildete Ordner-Struktur notwendig.

Mit „GARMIN(*K:*)" wird der Gerätespeicher des eTrex als externes Laufwerk erkannt, nachdem Sie ihn per USB-Kabel am PC angeschlossen haben. In ihm liegen weitere Ordner: Zum einen der „Documents"-Ordner, worin man die „START_HERE.html"-Verlinkung findet. Mit einem Doppelklick gelangt man zum Handbuch des Gerätes. Und zum zweiten liegt im Gerätespeicher der Ordner „Garmin" (diesmal klein geschrieben) mit wichtigen Systemdateien Ihres eTrex sowie weiteren Unterordnern zur eigenen Verwendung.

Die Unterordner und ihre Bedeutung:

GARMIN (K:)
- Documents
- Garmin
  - BirdsEye
  - CustomMaps
  - CustomSymbols
  - ExtData
  - Filters
  - GPX
    - Archive
    - Current
    - Nav
  - JPEG
  - poi
  - Profiles
  - scrn
  - Text

- Im „BirdsEye"-Ordner werden die Satelliten- und Kartenbilder abgelegt, sobald man diese Garmin-Dienstleistung in Anspruch nimmt. Im Auslieferungszustand liegt hier ein Demo-Satellitenbild (von Paris).

- Im „CustomMaps"-Ordner speichern Sie Ihre eigenen Kartenbilder ab, die Sie selbst eingescannt und georeferenziert haben (siehe Anleitung Kap.4/„Karten installieren > CustomMaps").

- In den „CustomSymbols"-Ordner speichert man eigene Symbolbilder, die zur Wegpunktmarkierungen verwendet werden können (siehe Anleitung Kap.4/ „eigene Wegpunkt-Symbole erstellen").

- In den **„ExtData"-, „Filters"-, „Profiles"** und **„Text"-Ordnern** liegen u.a. Systemdateien, welche man am besten gar nicht anrührt.
  Diese Ordner und Inhalte haben Einfluss auf den Gerätebetrieb sowie den korrekten Datenaustausch zum PC und **sollten daher nicht gelöscht oder bearbeitet werden!**

- Ihr wichtigster Ordner überhaupt, ist der „GPX"-Ordner. Hierhinein speichern Sie Ihre Tracks, Routen, Wegpunkte und Geocaches im GPX-Format. Des Weiteren liegen hier auch der „Archive"-Ordner, in dem sich die archivierten Tracks befinden, und der „Current"-Ordner, in dem sich der aktuell aufzuzeichnende Track befindet -also der aktuelle Trackspeicher-.

- Im „JPEG"-Ordner kann man Fotos ablegen, die GPS-Informationen beinhalten, um sie im Gerät im Bildbetrachter oder Wegpunkt-Manager als Navigations-Objekt nutzen zu können.

- Den „poi"-Ordner können Sie selbst anlegen, um zusätzliche POI-Sammlungen wie z.B. von Weihnachtsmärkten, Fahrrad-verleihstationen, Freizeitparks etc. zu verwenden. Diese müssen im GPI-Dateiformat vorliegen und können kostenlos von www.garmin.de > Extras > „Points of Interest" herunter geladen werden. Im eTrex finden Sie Ihre abgespeicherten POI-Sammlungen im Zieleingabe-Menü > in der Kategorie „Extras". Hat man eine POI-Sammlung nur im GPX-Format vorliegen, kann man den POI-Loader von Garmin verwenden, um diese Sammlung in das benötigte GPI-Format umzuwandeln und dabei auch gleich Annäherungsalarme zu aktivieren.

- Im „scrn"-Ordner finden Sie die Bildschirm(Screenshot)-Aufnahmen, falls Sie diese in den Anzeige-Einstellungen des eTrex „Ein"-geschaltet und mit der „light"-Taste ausgelöst haben. Nützlich vielleicht, um sich eine Anzeigesituation von unterwegs abzuspeichern.

Ist es keiner der hier dick markierten Systemordner, können Sie über den Inhalt der Ordner und Dateien frei verfügen. Sogar das Löschen dieser Unterordner beeinflusst den Betrieb des eTrex nicht. Die Ordner werden selbstständig neu erstellt, sobald das Gerät eingeschaltet bzw. im Gerät die entsprechende Aktion ausgeführt wird. Aber auch Sie selbst können den Ordner am PC im Arbeitsplatz-Explorer mit einem rechten Mausklick: „Neu" > „Ordner" erstellen.

Im Garmin-Ordner selbst liegen ebenfalls weitere, einzelne System-Dateien, die man dort unbedingt so liegen lässt.

➔ Löschen Sie keine Dateien, über dessen Inhalt Sie sich nicht im Klaren sind! ⬅

microSD-Karte einrichten

Den Speicherplatz Ihres eTrex-Modells (ausgenommen eTrex 10) können Sie, wie schon erwähnt, mit einer leeren microSD-Karte erweitern. Die Geräte sind derzeit in der Lage, Speicherkarten bis 8 GB und maximal 2025 Kartenkacheln zu verarbeiten. Wobei vom Gerät maximal 4 GB an Kartendaten gelesen werden können. Die restliche Speicherkapazität kann für Bilder, Tack-Dateien etc. genutzt werden. Verwenden Sie nur microSD- oder microSDHC-Karten. Karten mit der Ergänzung „ultra II" können evtl. Probleme bereiten, bieten aber auch keinen Vorteil im GPS-Gerät, da es auf das Lesen der auf der microSD-Karte gespeicherten Kartendaten ankommt.

Damit die Daten der Speicherkarte vom Gerät überhaupt erkannt werden, muss auf der Karte ein Ordner mit der Bezeichnung „Garmin" angelegt werden (rechter Mausklick: „Neu" > „Ordner"). Um Touren und Wegpunkte auf der microSD-Karte ablegen zu können, ist in dem soeben angelegten „Garmin"-Ordner ein Unterordner mit der Bezeichnung „GPX" notwendig. Diese Struktur kann man selbst anlegen oder durch das erste Senden an die microSD-Karte von der Kartensoftware „BaseCamp" automatisch erledigen lassen.

Vorgehen in BaseCamp: Öffnen (importieren) Sie irgendeine(n) auf ihrer PC-Festplatte gespeicherten Track/Route/Wegpunkt und senden Sie diese(n) an die microSD-Karte (rechter Mausklick auf Tracknamen i.d. linken Spalte > "senden an" > SD-Karte auswählen). Damit erstellt BaseCamp die entsprechende Ordner-Struktur auf der microSD-Karte. Gleiches geschieht auch, sobald man das erste Mal Kartenteile an die microSD-Karte sendet (rechter Mausklick auf die in BaseCamp erkannte microSD-Karte > "Karten auf SD-Karte installieren").

Praxiserfahrung: Beste Funktion und Einsatzbereitschaft haben wir auf die Weise erfahren, dass man an die microSD-Karte nur Kartenteile sendet und alle Tracks/Routen/Wegpunkte etc. in den GPX-Ordner des Gerätespeichers legt. Unternimmt man eine Reise und benötigt weiteres Kartenmaterial im Gerät, kann man diese Kartendaten in den Gerätespeicher senden. Somit überschreibt man nicht die zu Hause nach der Reise wieder benötigten Kartenteile und kann die Reisekarten in der „gmapsupp.img"-Datei problemlos wieder aus dem Gerätespeicher löschen. Dazu die Datei einfach im Windows-Explorer anklicken und die „Entf" Taste betätigen.

Karten installieren

Je nach verwendetem Kartentyp gibt es unterschiedliche Dinge zu tun. Beginnen wir mit dem geringsten Aufwand:

vorprogrammierte Datenkarte – microSD-Karte

im eTrex verwenden. Ganz einfach: Batteriefach öffnen, Batterien entfernen, das darunter befindliche Metallhalteblättchen mit dem Fingernagel aus der Verriegelung schieben, aufklappen, microSD-Karte mit der Kontaktseite zum Display zeigend hineinlegen, zuklappen und wieder in die Verriegelung schieben. Batterien natürlich wieder einlegen und Deckel schließen.

Die Karteninformationen auf diesen vorprogrammierten SD-Karten können nun sofort verwendet werden. Es ist keinerlei Freischaltung nötig. Sollte das Display in der Kartenansicht immer noch leer bleiben, ist es eventuell möglich, dass die Karte in den Geräteeinstellungen abgeschaltet („deaktiviert") ist:
Hauptmenü > Einstellungen > Karte > Karteninformationen > gewünschte Karte anwählen, bestätigen und im erscheinenden Auswahlmenü „aktivieren" wählen. Die Basiskarte (Basemap) bitte immer „aktiviert" lassen!

Bewegt man sich im Grenzgebiet dieser Kartenabdeckung, wird es jedoch eher unerträglich, die angrenzende Datenkarte ständig manuell auszutauschen. In diesem Fall ist die Variante der Kartenübertragung vom PC auf eine leere microSD-Karte besser, da man so Ausschnitte aus mehreren verschiedenen Garmin-Karten auf diese eine Speicherkarte laden kann und beim Grenzübertritt im Display keinen Unterschied wahrnimmt. Es ist sofort die angrenzende nächste Karte sichtbar.

Für diesen Zweck müssen die Kartendaten inklusiv der dazugehörigen Software am PC installiert werden, wofür ein Freischaltungsprozess per Internetverbindung unumgänglich ist.

Kartendaten-DVD am PC installieren

Hierzu wird der folgende Ablauf empfohlen:

1. ein Garmin Benutzerkonto einzurichten. Auf der deutschen Homepage von Garmin: www.garmin.de finden Sie die Rubrik „my Garmin". Dort eröffnen Sie ein Benutzerkonto (Tipp: Verwenden Sie einen neutralen Benutzernamen, falls Sie das Gerät evtl. irgendwann wieder verkaufen möchten. Denn das Benutzerkonto gehört ab nun zum Gerät). Dort registrieren Sie Ihren eTrex und verlassen dieses Konto wieder. Schließen Sie alle Fenster.

2. DVD in PC einlegen und Installation starten. Der Assistent führt unmissverständlich durch den Prozess und fordert an gegebener Stelle auf, das GPS-Gerät nun per USB-Kabel mit dem Rechner zu verbinden, um die Karte für Ihren PC und Ihr GPS-Gerät online freizuschalten.

Somit können nun alle wichtigen Registrierungsdaten Ihrem Garmin-Konto zugeordnet werden. Das hat den Vorteil, dass Sie dort auf Ihren Freischaltungs-Code zugreifen können, falls bei der Freischaltung etwas nicht geklappt haben sollte, dass Sie einfacher eventuelle Kartenupdates bestellen oder einsehen können, ob Kartenupdates sogar kostenlos verfügbar sind.

Nach der Installation alles schließen, evtl. Rechner neu starten. Die soeben installierte Software öffnen Sie dann über Start > Programme > Garmin > „BaseCamp" oder „MapSource". Sollte beim ersten Öffnen der Garmin-Software immer noch eine Meldung auftauchen, wie z.B. „Kartendaten müssen noch freigeschaltet werden", bestätigen Sie diese Meldung einfach nochmals mit „OK" und lassen Sie die Onlineverbindung zu. Spätestens beim zweiten Öffnen sollte dann aber alles freigeschaltet sein und keine Warnmeldung mehr erscheinen. Sehen Sie auch auf www.garmin.de > Extras > Downloads nach, ob ein neueres Softwareupdate für BaseCamp oder MapSource existiert, damit Sie alle Funktionen Ihrer neuen Software bestens nutzen können.

Sie verfügen jetzt also zum einen über eine Software, mit der Sie in der Karte allerlei Planungs- und Bearbeitungsfunktionen ausführen können, zum anderen über die Karte selbst, die sofort in der Software verfügbar ist. Legen Sie sich später weitere Garmin-Karten zu, z.B. zu der Straßenkarte „CityNavigatorEuropeNT" kommen dann noch für den Urlaub die Straßenkarte von Amerika „CityNavigator NorthAmerikaNT" und vielleicht noch eine topografische Karte für diesen Bereich hinzu, sind diese Karten alle nach der erfolgreichen Freischaltung in der gleichen Software vorhanden. Dadurch können Sie also auch verschiedene Karten gemeinsam auf eine leere microSD-Karte in das GPS-Gerät schaufeln.

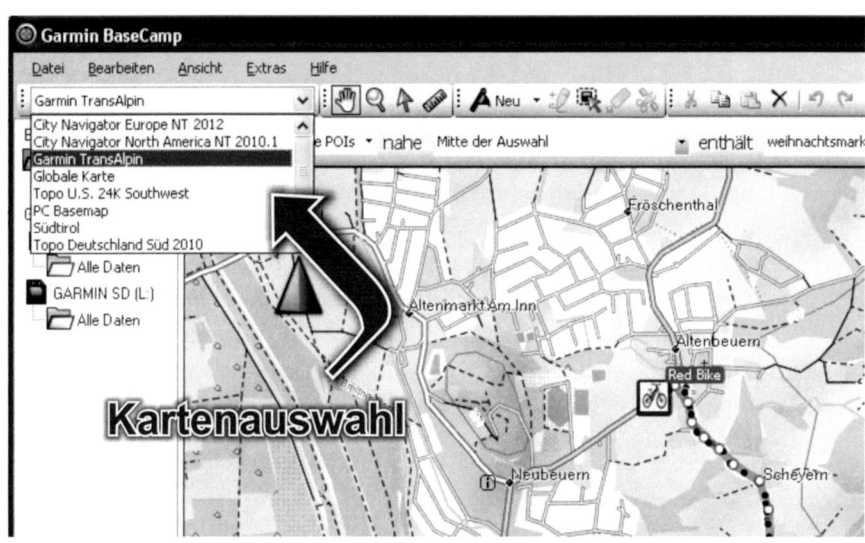

Abbildung 4-1 die verschiedenen Garmin-Karten sind in der Garmin Software auswählbar

Befand sich im Lieferumfang der Straßenkarten-DVD nur die MapSource-Software, empfehlen wir Ihnen sich die BaseCamp-Software von www.garmin.de > Extras > Downloads herunter zu laden. Diese ermöglicht Ihnen mit Ihrem eTrex die wesentlich umfangreicheren Funktionen und gewährleistet eine bessere Kommunikation. Ihre bereits am PC mit MapSource installierten Garmin-Karten werden problemlos sofort in die BaseCamp-Software eingebunden.

Karten vom PC zum GPS-Gerät senden

Legen Sie eine leere microSD-Karte in Ihren eTrex und schließen Sie ihn per USB-Kabel am Rechner an.

Öffnen Sie mit einem linken Mausklick über Start > Programme > Garmin > „BaseCamp".

Da nicht unendlich viele Karten auf eine microSD-Karte passen und dies auch sehr lange dauern würde (da diese Daten speziell verpackt werden), kann man bestimmte Kartenteile von verschiedenen Karten auswählen und nur diese senden. Beispiel Datenmenge: die gesamte TopoDeutschland 2010 würde ca. 3,5 GB auf der microSD-Karte belegen und benötigt für diesen Vorgang eine knappe Stunde.

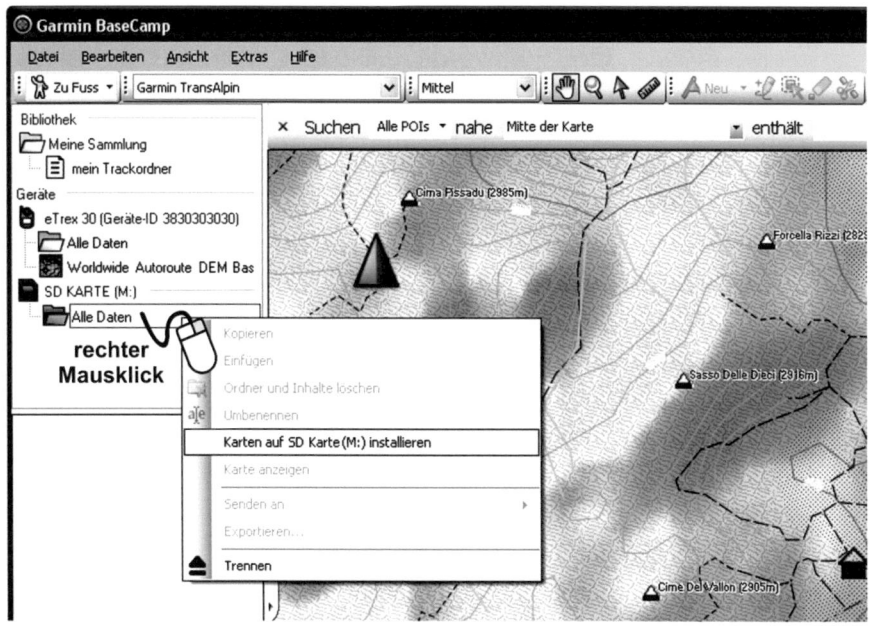

Abbildung 4-2 BaseCamp: Karten zum Gerät > auf microSD-Karte senden

Zum Übertragen der Karten an den eTrex klicken Sie in BaseCamp mit der rechten Maustaste auf die in der linken Spalte erkannte, im Gerät platzierte leere microSD-Karte und wählen im Kontextmenü der Maus „Karten auf SD-Karte installieren". Daraufhin öffnet sich der MapInstallations-Assistent, in dessen Kartenfenster die gewünschten Kartenteile ausgewählt werden können.

☺ Bei einer Karte kein Problem. Möchten Sie nun jedoch noch weitere Kartenteile einer anderen Garmin-Karte auswählen, so testen Sie diesen ersten Sendevorgang bitte nur mit ganz wenigen Kartenausschnitten (am besten nur 1 pro Karte), um nicht sinnlos den langandauernden Sendevorgang großer Datenmengen abzuwarten, um hinterher festzustellen, dass man sie doch hätte einzeln senden müssen. Denn die Geräte reagieren derzeit noch unterschiedlich. Wir sagen ihnen zuerst, wie es funktionieren sollte:

Möchte man also gleichzeitig noch weitere Kartenteile einer anderen Karte zum Gerät senden, schaltet man nun mittels der Aufklappliste im unteren Teil des MapInstall-Fensters auf die andere Karte um. Danach markiert man auch hier wieder mit der Maus im Kartenfenster die gewünschten Kartenteile. Durch den Füllstand der Säule ganz rechts, kann man den benötigten bzw. freien Speicherplatz ersehen und startet erst dann - nach Auswahl aller Kartenteile der verschiedenen Karten - mit „weiter" die Übertragung der eigens zusammengestellten Karten-sammlung. Fertig.

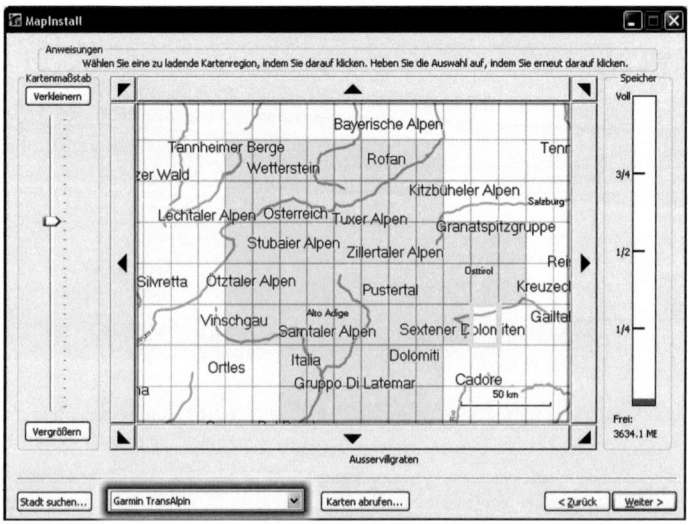

Abbildung 4-3

BaseCamp/ MapInstaller = Assistent zum „Karten senden"

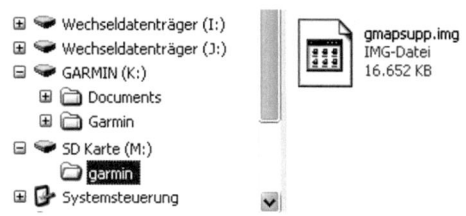

Abbildung 4-4 gesendete Kartendatei im microSD-Kartenspeicher

Nach dem Sendevorgang sollte im „Garmin"-Ordner der im eTrex liegenden microSD-Karte eine „gmapsupp.img"-Datei im Windows-Explorer zu finden sein. In dieser Datei befinden sich alle soeben gesendeten Kartenausschnitte, egal ob diese nur von einer oder von mehreren Garmin-Karten stammen.

Trennen Sie Ihren eTrex vom PC und schalten Sie ihn ein. Sehen Sie in den Einstellungen > Karte > Karteninformationen nach, ob dort alle gesendeten Karten einzeln erkannt wurden und aufgeführt sind. Richtig, so wie hier rechts im Bild. Denn nur so können Sie die entsprechende Karte aktivieren oder deaktivieren.

☹ Ist das eben nicht der Fall und es erscheint hier nach dem Senden mehrerer Karten nur ein Karteninformations-Feld, so bleibt Ihnen leider nichts anderes übrig, als die verschiedenen Karten einzeln und nacheinander zum Gerät senden.

Abbildung 4-5 Karteninformationen

Nach jedem Sendevorgang sollten Sie dann die gesendete IMG-Kartendatei beliebig umbenennen, z.B. „Transalpin.img". Sonst würde der nächste Sendevorgang die bereits gesendete Kartendatei überschreiben.

➡ Nie vergessen: Beim Senden von Kartendaten auf die im eTrex platzierte microSD-Karte darf sich in keinem Fall eine von Garmin vorprogrammierte microSD-Datenkarte im Steckplatz befinden. Diese würde überschrieben werden und Sie verlieren somit die lizenzfreie Nutzung für weitere Geräten. ⬅

CustomMaps

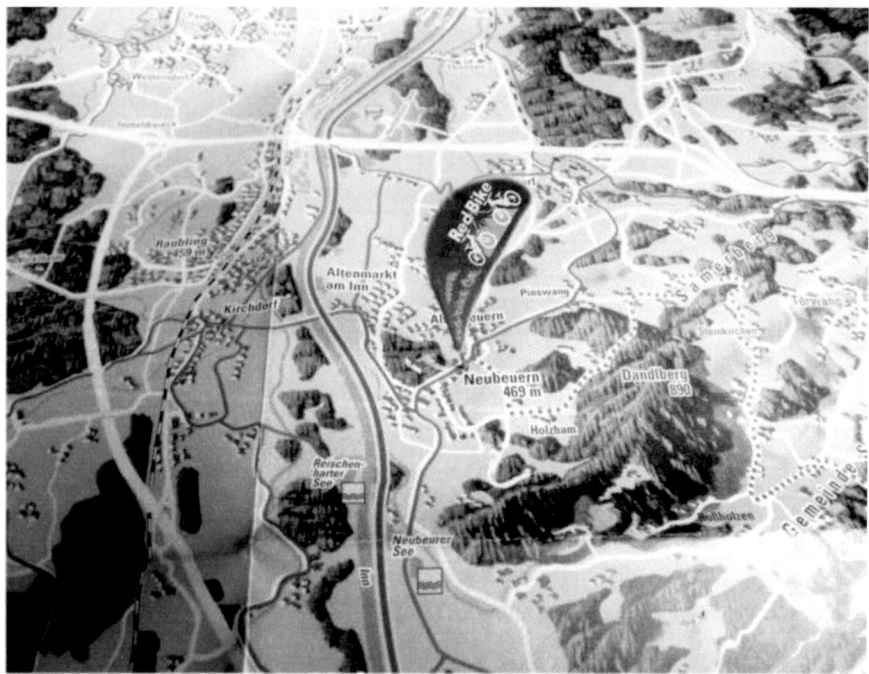

Abbildung 4-6 eigene Lagepläne im eTrex verwenden

CustomMaps ist eine geniale Funktion, eigene Lagepläne oder andere Rasterkarten im eTrex zu verwenden. Zur Not hilft diese Funktion auch dann, wenn für die geplante Urlaubsregion noch kein elektronisches Kartenmaterial zur Verfügung steht.

Zum Georeferenzieren (=Ausrichten nach Koordinaten) Ihrer eingescannten Karte benötigen Sie die kostenlose „GoogleEarth"-Version auf Ihrem Rechner.

Beachten Sie die Nutzungsrechte von Karten, die Sie dafür verwenden! Das Tauschen oder Anbieten von lizenzrechtlich geschützten Karten verstößt gegen das Copyright des jeweiligen Rechteinhabers und ist strafbar!

1. Kartenausschnitt im JPEG-Format abspeichern

Scannen Sie nun Ihren Kartenteil ein, am besten gleich mit Norden gerade nach oben ausgerichtet, und speichern Sie sich dieses Bild im JPEG-Format ab. Dieses sollte eine Auflösung von 250 dpi haben und die Größe von 1 MB nicht überschreiten.

2. Bild-Overlay in GoogleEarth laden

Öffnen Sie GoogleEarth und bewegen Sie die Satellitenkarte in die Region, von der Sie den Kartenausschnitt erstellt haben. Wählen Sie in der oberen Menüleiste Hinzufügen > Bild-Overlay. Es öffnet sich ein Dialogfenster. Hier können Sie in der Zeile „Link" mit „Durchsuchen" den Pfad auf Ihrer PC-Festplatte suchen, wo Sie das Bild Ihres Kartenausschnittes abgespeichert haben.

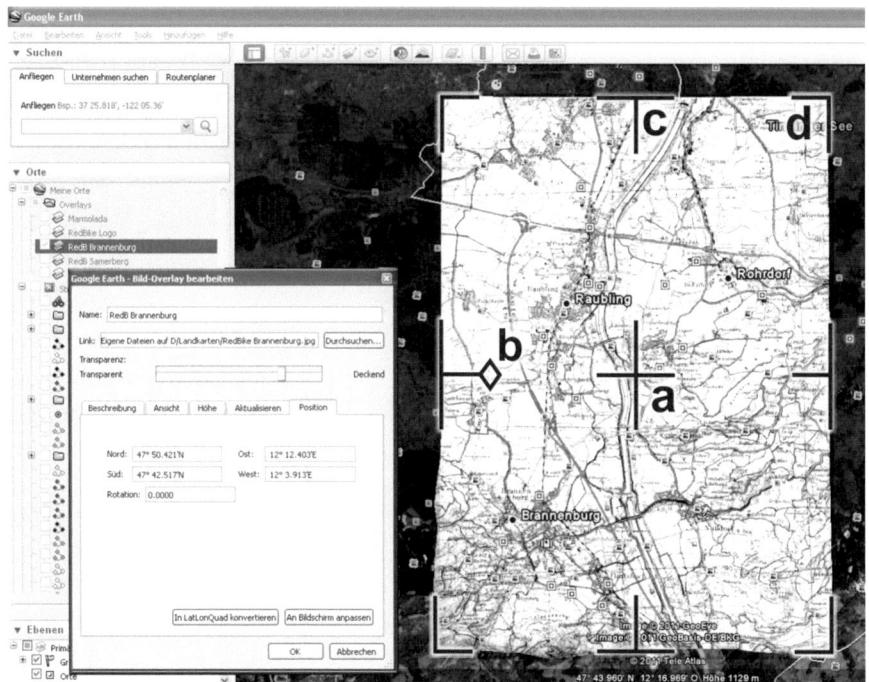

Abbildung 4-7 eigenen Lageplan in GoogleEarth ausrichten

Das geladene Bild wird in die Mitte der GoogleEarth-Ansicht gelegt. Geben Sie im Dialogfenster Ihrer Karte einen Namen ein und wechseln Sie auf die Registerkarte „Position". Hier können Sie die Koordinaten der vier Kanten eingeben oder die markierten Ecken, Mitte und Kanten mit der Maus im Satellitenbild anfassen und somit die Karte in ihrer Größe, Position und Neigung ausrichten.

An Punkt „a" kann die ganze Karte in ihrer Position verschoben und an Punkt „b" gedreht werden (falls diese nicht mit Norden korrekt nach oben vorliegt). Mit dem Ziehen an den Ecken und Kanten kann die Größe verändert werden. Um sich die Arbeit nicht unnötig zu erschweren, halten Sie die Umschalttaste gedrückt, wenn Sie die Größe verändern. So werden Breite und Höhe des Kartenausschnittes proportional zueinander verändert. Damit dann das Abgleichen der Straßen und Wege mit den in GoogleEarth existierenden Wegen leichter fällt, verstärken Sie im Dialogfenster mit dem Schieberegler die Transparenz des Bildes, so dass die Kartenansicht von GoogleEarth durch das Bild Ihrer eigenen Karte leicht durchschimmern kann.

Wenn Sie die Karte fertig ausgerichtet haben, setzen Sie den Transparenz-Regler wieder auf „Deckend" und den Wert der „Zeichenreihenfolge" auf 50 oder höher. Dann können Sie dieses Dialogfenster mit „OK" verlassen.

Das eingefügte Bild-Overlay finden Sie jetzt in der Liste Orte > meine Orte, links neben der Kartenansicht. Sollten Sie im Dialogfenster etwas vergessen haben, können Sie den in der Liste liegenden Kartenausschnitt mit der rechten Maustaste anklicken und im Kontextmenü: „Eigenschaften" wählen. Dann öffnet sich wieder selbiges Dialogfenster von eben.

3. Kartenausschnitt abspeichern

Diese jetzt georeferenzierte Bild-Datei müssen Sie nur noch aus GoogleEarth herausbringen, damit Sie diese in Ihr GPS-Gerät legen können. Dazu schließen Sie am besten Ihren eTrex mittels USB-Kabel an Ihren Computer an, warten kurz, bis sich der Arbeitsplatz-Explorer öffnet und das Gerät und die microSD-Karte angezeigt werden. Falls der „CustomMaps"-Ordner noch nicht vorhanden ist, erstellen Sie ihn im „Garmin"-Odner entweder im Gerätespeicher oder auf der microSD-Karte (im Garmin-Ordner: rechte Maustaste >Neu >Ordner, diesen dann noch benennen).

Zurück in GoogleEarth führen Sie den Mauszeiger auf Ihre georeferenzierte Bilddatei in der linken Liste und klicken einmal mit der rechten Maustaste darauf. Im sich öffnenden Kontextmenü wählen Sie „Ort speichern unter" und öffnen den CustomMaps-Ordner auf Ihrer microSD-Karte oder im Gerätespeicher. Speichern Sie nun den Kartenausschnitt in der KMZ-Datei dort und/oder auf Ihrem heimischen Rechner ab. Fertig.

Öffnet man nun die BaseCamp-Software, kann man auf die im Gerät oder dessen Speicherkarte liegenden CustomMaps zugreifen sowie auf ihnen Touren erstellen und bearbeiten.

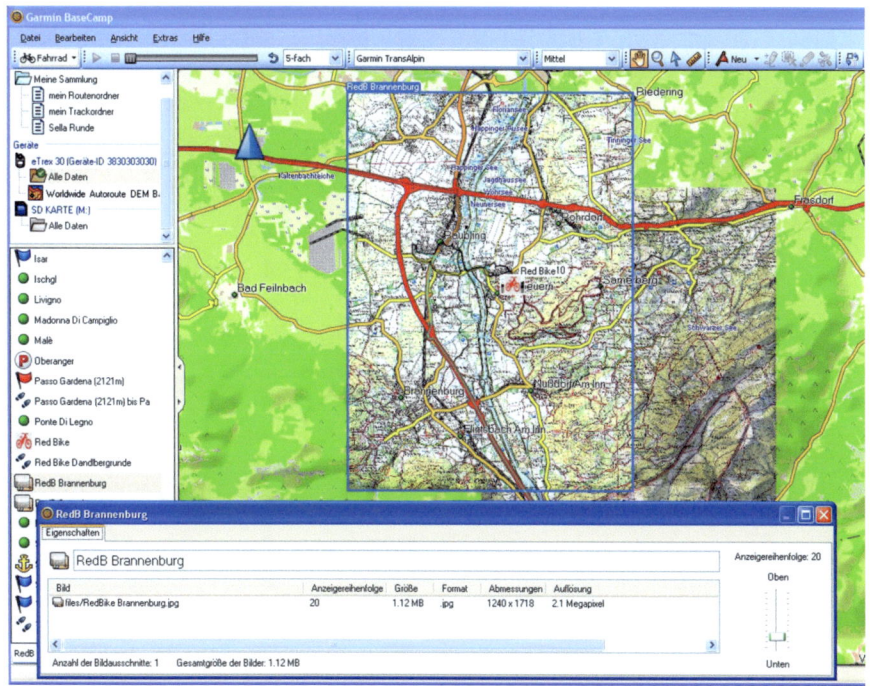

Abbildung 4-8 in BaseCamp auf CustomMaps zugreifen, die im Gerätespeicher liegen

4. Karte im Gerät ein- oder ausblenden

Nachdem Sie das GPS-Gerät vom PC getrennt und eingeschaltet haben, wählen Sie im Hauptmenü in den Einstellungen, dort Karte > „Karteninformationen" und klicken in dem sich öffnenden Fenster das Feld „Benutzerdefinierte Karten" an. Dort können Sie wählen, ob diese nun angezeigt oder nicht angezeigt werden sollen. Es können jeweils nur alle CustomMaps ein- oder ausgeschaltet werden. Einzeln ist das aktuell nicht möglich.

Touren aus dem „Netz"

Freizeitvergnügen pur ist sicher die Variante, einem Track zu folgen, welcher bereits von Jemandem abgefahren und aufgezeichnet wurde. Wie im Beispiel unserer eigenen GPS-Downloadseiten:

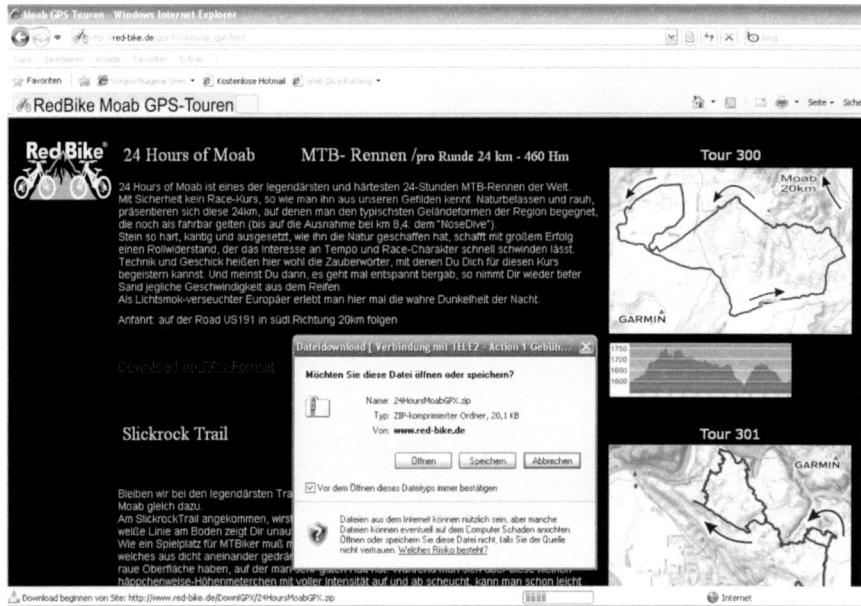

Abbildung 4-9 GPS Tourenportal www.red-bike.de/gps

Hier finden Sie unsere eigens ausgearbeiteten und abgefahrenen Touren als GPS-Daten (im südlichen Voralpenland und einigen beliebten Urlaubsregionen) mit derzeit mehr als 6.000 überwiegend MTB-Kilometern mit knapp 200.000 Höhenmetern zum kostenlosen Download für die private Nutzung.

Hilfreich ist auf solchen Downloadseiten immer eine kurze Beschreibung, Kartenansicht, Höhenprofil und (im Bild gerade durch das Downloadfenster verdeckt) der Link in die kostenlose Google Earth-Version. Somit kann man sich einen genauen Eindruck über viele Details verschaffen, bevor man sich für den Download entscheidet.

Unsere GPS-Daten haben wir für einen unkomplizierten Download im ZIP-Ordner verpackt, welchen Sie nach dem Abspeichern auf Ihrer Festplatte mit der rechten Maustaste anklicken und entpacken lassen müssen („Alle extrahieren" wählen und im Dialogfenster zweimal auf „weiter" klicken). Nach dem Entpacken liegt eine Datei, z.B. „Mustertrack.gpx", im gleichen Ordner auf Ihrer Festplatte. Diesen fassen Sie mit der linken Maustaste an und ziehen ihn in den GPX-Ordner Ihres eTrex-Gerätespeichers (siehe Bildbeschreibung: Kapitel 3/ „Daten ohne GPS-Software vom PC zum eTrex senden").

Andere GPS-Downloadportale bieten eine Vielzahl verschiedener Dateiformate an, in welchen man sich den Track letztendlich herunterladen kann. Garmin-Outdoorgeräte und die meisten GPS-Programme arbeiten mit dem universellen GPX-Format. Sobald Sie also den Download für das GPX-Format gefunden und angeklickt haben, sollte sich auf alle Fälle ein kleines Dialogfenster öffnen, worin Sie die Auswahl zum Speichern finden. Öffnet sich stattdessen ein großer weißer Bildschirm mit unendlichen Zahlcodierungen, wurde der Download vom Website-Gestalter nicht korrekt bereitgestellt und Sie müssten einige Tricks kennen, um den Track trotzdem verwenden zu können. Aber mit fortschreitendem GPS-Zeitalter sollten diese restlichen Fehler kaum noch zu finden sein.

Bei einigen Tourenportalen, wie z.B. www.gpsies.com, hat man auch die Möglichkeit, den Track direkt an das Gerät zu senden. Dazu benötigt der PC jedoch ein kleines Tool (Plug-in), um die Kommunikation zwischen dem Portal und eTrex bilden zu können.

Dieses „Plug-in" wird automatisch installiert, sobald Sie den GPX-Dateidownload veranlassen und das Tool in der auftauchenden Warnmeldung zulassen.

GPSies.com ist ein sehr umfangreiches GPS-Tourenportal für sämtliche Aufgaben rund um die Nutzung Ihres GPS-Empfängers. Hier haben Sie die Möglichkeit:

- Tracks online zu zeichnen. Das ist sehr nützlich, wenn Sie von der geplanten Tour kein Kartenmaterial am eigenen PC zur Verfügung haben;

- GPS-Dateien mit dem „übersetzungsstarken" Konverter umzuwandeln. Das ist nötig, wenn Sie in einer x-beliebigen elektronischen Karte (GPS-Software) einen Track gezeichnet haben, diese Software Ihnen aber keine Möglichkeit gibt, diesen im GPX-Format (für Ihr Garmin-Gerät) abzuspeichern. Denn jeder Kartenhersteller verwendet sein eigenes Dateiformat. Viele erkennen inzwischen das universelle GPX-Format an und bieten die Möglichkeit, den Track am Ende in diesem Format abzuspeichern/zu exportieren;

- Eigene Touren hochzuladen und zu veröffentlichen

und natürlich wie bereits erwähnt

- Touren weltweit herunterzuladen.

Ein weiteres großes GPS-Tourenportal ist www.gps-tour.info, welches ebenfalls eine umfangreiche, weltweite GPS-Downloadauswahl bietet. Aber auch auf den Webseiten sämtlicher Tourismusverbände tauchen immer mehr GPS-Daten von Touren aus deren Region zum kostenlosen Herunterladen auf.

Vertrauen Sie jedoch nicht blind dem bereit gestellten Material. Manchmal können diese Tracks nur gezeichnet, also in der Praxis noch gar nicht getestet worden sein. Vielleicht wurden sie nachträglich auch nicht bearbeitet (von Verfahrwegen oder Luftlinien ausgesäubert).

Es empfiehlt sich daher die Tour immer zuerst in der eigenen GPS-Software am PC anzusehen, evtl. nachzubearbeiten und erst dann in das GPS-Gerät zu packen.

In Ausnahmefällen werden auch Routen zum Download bereitgestellt. Doch Achtung: Da ja eine Route nie die Aufzeichnung von einem GPS-Gerät ist, kann es sich hierbei also nur um die Planungsarbeit des Anbietenden handeln. Somit läuft man unterwegs Gefahr, der empfohlenen Tour gar nicht genau folgen zu können, weil die Route von Ihrem GPS-Gerät natürlich neu berechnet wird. So etwas findet man jedoch momentan eher selten auf solchen Plattformen. Die meisten stellen ihre wahre, abgefahrene und aufgezeichnete Tour ins Netz. Das ist also ein Track mit sehr vielen Trackpunkten (hunderte, meist sogar tausende Punkte).

Bei GPSies.com ist es nun aber auch noch möglich, im Download-Prozess den angebotenen Track in eine Route umzuwandeln und herunterzuladen.

Vermeiden Sie dies! Denn dabei werden die Trackpunkte in Zwischenziele für eine Route umgewandelt und in Form von Wegpunkten auf der Karte dargestellt. Man würde also zum einen die Tour vor lauter Wegpunktfähnchen in der Karte nicht sehen können, zum anderen bürdet man dem Gerät unnötig und so sinnlos viel Rechenarbeit auf, dass man sich nicht wundern muss, wenn es die Arbeit verweigert und sich ausschaltet. Denn eine Route wird von der Gerätesoftware automatisch auf Straßen und Wegen berechnet und benötigt niemals so viele Zwischenziele, wie ein Track Trackpunkte hat.

Es möge Tools geben, mit denen man die Zwischenziele verringern kann, versuchen Sie es und sehen Sie sich das Ergebnis in Ihrer routingfähigen Karte am PC an! Es wird spätestens dann das absolute Chaos ergeben, wenn die originale (Track-)Aufzeichnung auf in der Garmin-Karte nicht erfassten Wegen verläuft und die Software natürlich zwangsläufig versucht, eine fahrbare Umleitung zu finden. Letztendlich bleibt es jedoch nie genau die Tour wie sie original als Track bereitgestellt wurde. Auch der eTrex wird schließlich noch „seinen Senf dazugeben" und anhand Ihrer persönlichen Routing-

Einstellungen die Route wieder verändern. Sobald es sich also um eine Route handelt, ist nicht mehr sichergestellt, dass Sie genau die Wege befahren, über die in der Tourbeschreibung so geschwärmt wurde.

➜ Aktuell gilt also:
Downloads die als Track bereitgestellt wurden, sollten nicht in Routen umgewandelt werden! Nur wenn aus der Beschreibung deutlich hervor geht, dass es sich bei dem Download um eine automatisch berechnende Route handelt, kann diese Tour auch als Route im GPX-Format im eTrex mit einer routingfähigen Karte verwendet werden.
Verwenden Sie eine Route in Ihrem Gerät, ohne eine routingfähige Karte installiert zu haben, bekommen Sie nur die Luftlinien zu den Zwischenzielen angezeigt. ←

Touren selbst planen und zeichnen

Wenn man sich nun zu allererst einmal überlegen möchte, wo man überhaupt die nächste Tour fahren möchte, dann sollte wohl „GoogleEarth" an erster Stelle genannt werden. Dieses gibt es als kostenlose Version (http://earth.google.com/intl/de/), die allen privaten Belangen rund um die Planung und Sammlung von GPS-Touren vollkommen gerecht wird. Auch oder gerade bei mehrtägigen Unternehmungen kann man sich hier zuerst einmal einen sehr guten Überblick verschaffen, welche Regionen für z.B. einen Bike-Urlaub geschaffen sind, wobei aber auch auf Strandlage nicht verzichtet werden soll. Bis auf jedes einzelne Hotel kann man hinunter zoomen und sich eben auch gleich ansehen, ob sich bergiges Hinterland in der Nähe befindet. Hier stößt man gleichzeitig schon auf einige Fotos, welche die Umgebung noch besser darstellen. Zum Zeichnen eines Tracks ist GoogleEarth nur dann geeignet, wenn die eigene elektronische Karte am PC so schlecht ist, dass darin noch nicht einmal Wege verzeichnet sind, die jedoch im Satellitenbild von GoogleEarth sogar aus dem All zu erkennen sind – kann man aber auch schnell mit einem Flussbett verwechseln.

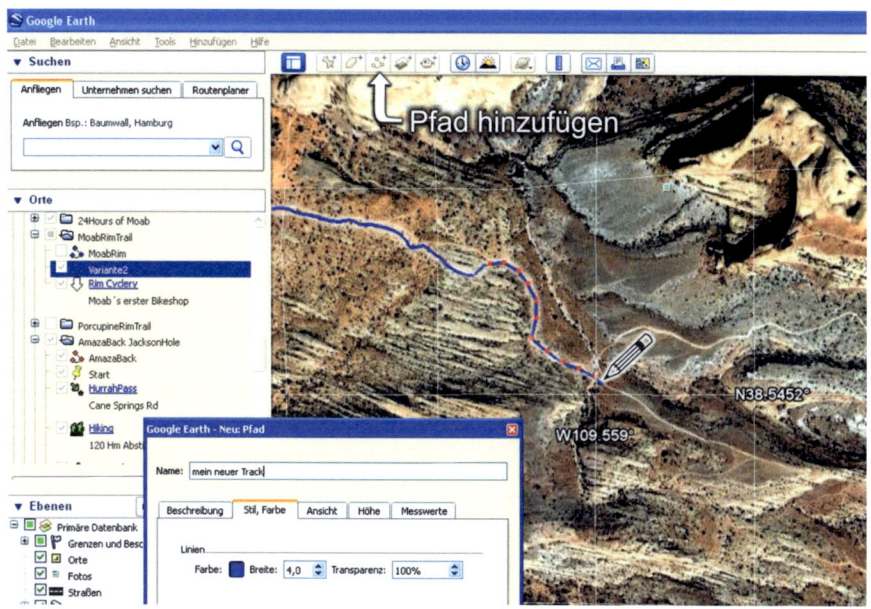

Abbildung 4-10 Track zeichnen in Google Earth

Man beginnt mit dem Werkzeug „Pfad hinzufügen" aus der Werkzeugleiste über der Kartenansicht. Es öffnen sich die Track-Eigenschaften. Hier kann man nun dem Track einen Namen geben, evtl. auch die Linienstärke und -farbe verändern. Während des Zeichnens muss das Fenster geöffnet bleiben. Fassen Sie es daher am oberen Rand an und schieben es einfach nach unten oder zur Seite, wo es Sie nicht stört. Klicken Sie nun mit der Maus auf dem erkennbaren Weg im Satellitenbild entlang.

Ist Ihr Track fertig, schließen Sie das Track-Eigenschaftsfenster mit „OK". Den gezeichneten Track finden Sie nun in der Liste, links neben der Kartenansicht. Um diesen Track schließlich im eTrex zu verwenden oder mit der Garmin-Software weiter bearbeiten zu können, speichern Sie ihn erst einmal auf Ihrem Rechner ab: Track in der linken Liste mit rechter Maustaste anklicken. Im Maus-Kontextmenü „Ort speichern unter…" wählen. Als einzige Dateiformate werden hier nur die GoogleEarth-eigenen Formate

„KMZ" und „KML" zugelassen. Speichern Sie im „KML"-Format. (KMZ ist die komprimierte, gepackte Form einer KML-Datei, welche beim Öffnen in GoogleEarth automatisch entpackt wird.) Das Umwandeln der KML- in die GPX-Datei ermöglicht der Konverter, den Sie auf den Seiten des freien GPS-Portals www.gpsies.com finden. Hier laden Sie den Track im KML-Format hoch (mit „Durchsuchen" wählen Sie den Pfad auf Ihrem Rechner), wählen „konvertieren als „GPX-Track" aus und klicken dann aber **zuerst** den darunter liegenden Button „Optionen einblenden" an, bevor Sie „Konvertieren" wählen. Denn erst in den erweiterten Optionen finden Sie das Feld „Höhendaten ersetzen/einfügen", wo unbedingt das Häkchen gesetzt werden muss, da sonst beim Umwandeln die Höhendaten verloren gehen bzw. nicht ergänzt werden. Am Ende klicken Sie auf „Konvertieren" und speichern diese Trackdatei dann wieder auf Ihrer Festplatte im GPX-Format ab. Nun können Sie den Track problemlos mit BaseCamp (oder anderer GPS-Software) öffnen.

Welche Kartensoftware man zum Planen und Zeichnen verwendet, kann jeder für sich entscheiden. Denn die GPS-Objekte, die man darin erstellt, werden letztendlich als eigenständige und kartenunabhängige Linien und Punkte abgespeichert und in das GPS-Gerät geladen.

Mit der Zeit werden Sie lernen, die verschiedenen Linienarten der Wanderwege Ihrer verwendeten Karte für die Eignung Ihrer Fortbewegungsart gut einzuschätzen, z.B.:

-   durchgezogene Wege = breite Forststraßen;

-   lang gestrichelte Wege = breite Wanderwege;

-   kurz gestrichelte Wege = schmale Wanderwege: kann evtl. sogar noch mit dem MTB fahrbar sein, bedeutet aber eher: viel Schieben! Dann bringt ein Blick ins Höhenprofil meist schon mehr Aufschluss. So kann man z.B. bei einer 5 km Bergauf-Etappe mit 800 zu erkletternden Höhenmetern davon ausgehen, dass das mit dem MTB sicher an der Grenze zur Schiebeetappe liegt.

Anhand der Markierung der Weglinie in der Wanderkarte, dem Linienverlauf selbst (ganz kleines Zickzack oder Serpentinen) und der Steigung im Höhenprofil lässt sich abschätzen, ob dieser Weg z.b. zum MTBiken geeignet ist oder man diese Tour besser zu Fuß absolviert.

Beim Kauf einer elektronischen Karte, egal welchen Anbieters, ist immer eine Software enthalten mit der man in der Karte Touren erstellen und bearbeiten kann. Man kann kaum eine beste Software benennen. Jeder Anbieter hat eine Kleinigkeit besser gelöst, dafür findet man an anderer Stelle wieder einen kleinen Nachteil und mit der nächsten Version ändert sich das wieder. Da wir Menschen nicht gleich sind, legt auch jeder eine andere Vorliebe an den Tag. So bleibt es ganz allein Ihre Entscheidung, in welcher GPS-Karte Sie arbeiten.

Die Software der „magicMaps 3D-Karten" bieten z.B. eine sehr genaue Vorauskunft über die gesamt aufsteigenden Höhenmeter, Höhenprofil und die Tourdauer. Entsprechend der Eingabe der persönlichen Fahrgeschwindigkeiten in der Ebene, bergauf, bergab etc. läuft man kaum Gefahr, eine zu große Tagestour einzuplanen. Ab der Version 5 der „Tour Explorer" Deutschland-Karte verspricht die Software sogar das Kartenmaterial auf Garmin-Geräte senden zu können. Man darf jedoch nicht vergessen, dass es sich dabei um Bilddateien handelt, die einen wesentlich größeren Speicherplatz benötigen, als die Vektor-Technik, die den Garmin-Karten zugrunde liegt. Somit können bei bester Auflösung Kartendaten eines Gebietes von gerade einmal ca. 25x25 km gesendet und vom Gerät verarbeitet werden. Für die Verwendung am Fahrrad reicht das natürlich nicht aus.

In der Software der elektronischen 3D-Karten des „Kompass"-Verlags findet man ebenfalls sehr umfangreiche Erstell- und Bearbeitungs-werkzeuge. Auf diese Karten wird man speziell aus dem Grund aufmerksam, da der Kompass-Verlag ein sehr übersichtliches Kartenbild bietet, die gängigsten Urlaubs- und Freizeitgebiete abdeckt und der Preis in einem sehr guten Leistungsverhältnis steht.

All diesen Karten liegt natürlich auch die 3D-Funktion mit bei. Sie dient einem noch besseren Eindruck über die Geländeeigenschaften. Meist kann man in der Animation sogar auf dem eigenen Track entlang

„fliegen". Optisch sehr eindrucksvoll sagt es letztendlich jedoch nicht mehr als ein Blick ins Höhenprofil aus.

Wenn Sie die Garmin-Kartensoftware „**BaseCamp**" das erste Mal öffnen, treffen Sie sofort auf die geteilte Kartenansicht, in der in einem Fenster die Karte in der 2D-Ansicht und im anderen Fenster in der 3D-Ansicht zu sehen ist. Zum Zeichnen benötigen Sie nur die 2D-Darstellung. Also die Ansicht, wie man sie von Papierkarte kennt. Schalten Sie daher über die Dateileiste > Ansicht > Kartenansichten auf „2D-Kartenansicht" um. Kommen sie ohne die kleine Übersichtskarte zurecht, können Sie diese hier ebenfalls ausblenden, indem Sie im eben beschriebenen Menü mit der linken Maustaste auf die aktivierte „Übersichtskarte" klicken. Somit haben Sie nun den meisten Platz am PC-Bildschirm, um in der 2D-Ansicht schnell, komfortabel und übersichtlich Touren erstellen und bearbeiten zu können.

Zeichnen in BaseCamp

Klicken Sie links in der Bibliotheken-Liste auf „Meine Sammlung", um in Ihrem Arbeits-Ordner auf Ihrer PC Festplatte zu arbeiten. Klicken Sie hingegen in der Liste darunter auf den Namen des angeschlossenen GPS-Gerätes, arbeiten Sie direkt im Gerätespeicher Ihres eTrex.

Sie müssten also dann den gezeichneten Track nicht mehr in den Gerätespeicher senden, denn genau dort haben Sie diesen ja bereits erstellt. Wer schnellstmögliches Arbeiten bevorzugt, arbeitet besser auf der Festplatte des heimischen Rechners, also in „Meine Sammlung", worin man sich mit dem rechten Mausklick auch weitere Unterordner (z.B. pro Tour) anlegen kann.

Die Werkzeuge zum Zeichnen liegen in der Werkzeugleiste oberhalb der Kartenansicht. Indem man mit „Neu" und dort die entsprechende Eigenschaft (Track, Route oder Wegpunkt) auswählt, aktiviert man die dazugehörigen Werkzeuge.

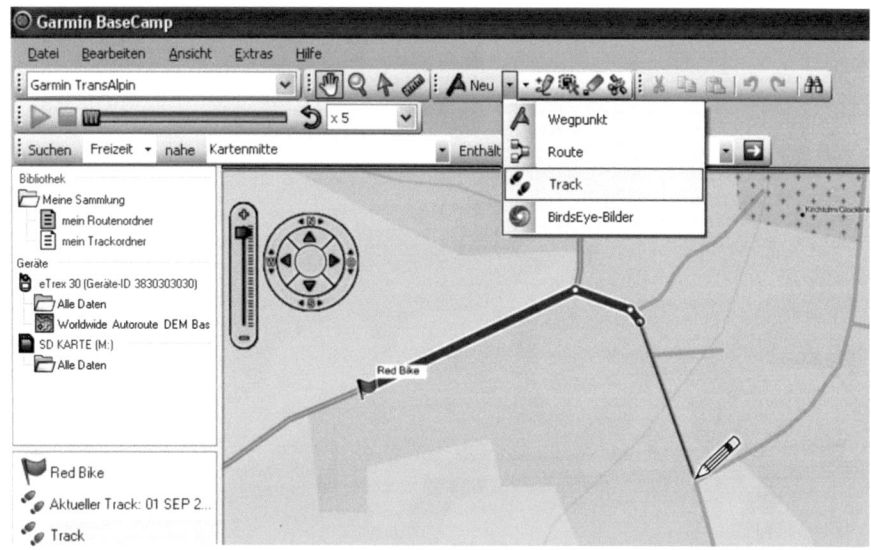

Abbildung 4-11 Track zeichnen in BaseCamp

Wählt man mit Neu > „Track" aus und führt die Maus in die Karte, erscheint ein Stift mit dem man nun den Track zeichnen kann. Gleich neben der Funktionsauswahl werden die Trackbearbeitungswerkzeuge aktiv, mit denen man nachträglich Trackpunkte einfügen, Trackpunkte verschieben, Trackpunkte löschen und den Track selbst zerteilen kann.

Wählt man mit Neu > „Route" öffnet sich hingegen ein kleines Arbeitsfenster (Abb.4-12) mit dem es schnellstmöglich gelingt, bereits erstellte Wegpunkte aus der linken Leiste in die entsprechende Zeile des kleinen Arbeitsfensters zu ziehen, um dadurch sofort die Route zwischen diesen beiden Punkten zu erhalten.

Hat man hingegen mehrere Wegpunkte in der Karte erstellt aus denen die Route bestehen soll, markiert man bei gehaltener „STRG"-Taste all diese Punkte in der Objektliste mit der linken Maustaste, klickt anschließend mit der rechten Maustaste auf die Markierung und wählt in dessen Kontextmenü „Route mit ausgewählten Wegpunkten erstellen". Durch Doppelklick auf die entstandene Route (in der linken Spalte) öffnet sich das Fenster mit den Eigenschaften, in dem man dann auch die Reihenfolge der Wegpunkte ändern kann (Abb.4-13).

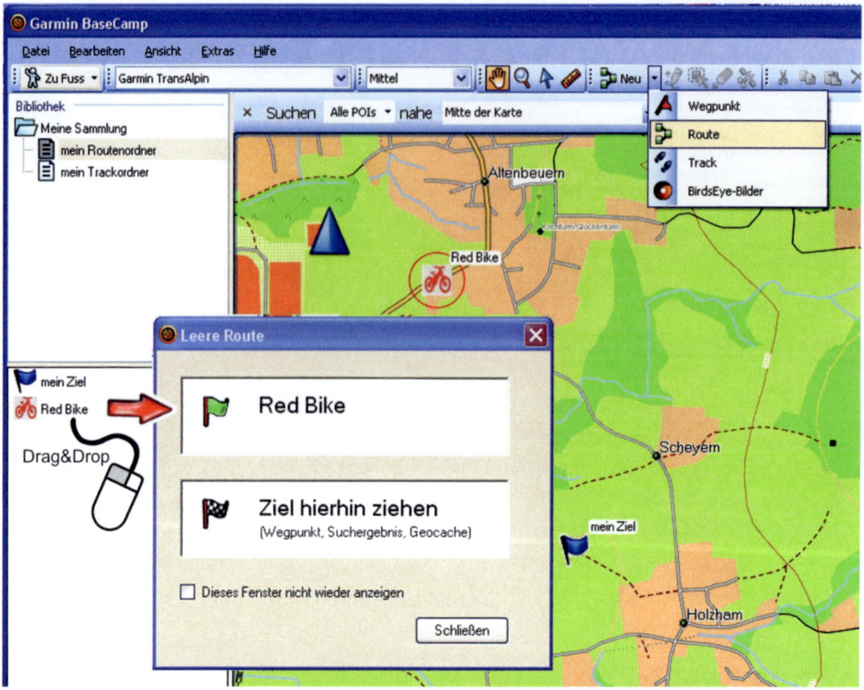

Abbildung 4-12 Route schnellstmöglich aus Start- und Zielpunkt erstellen

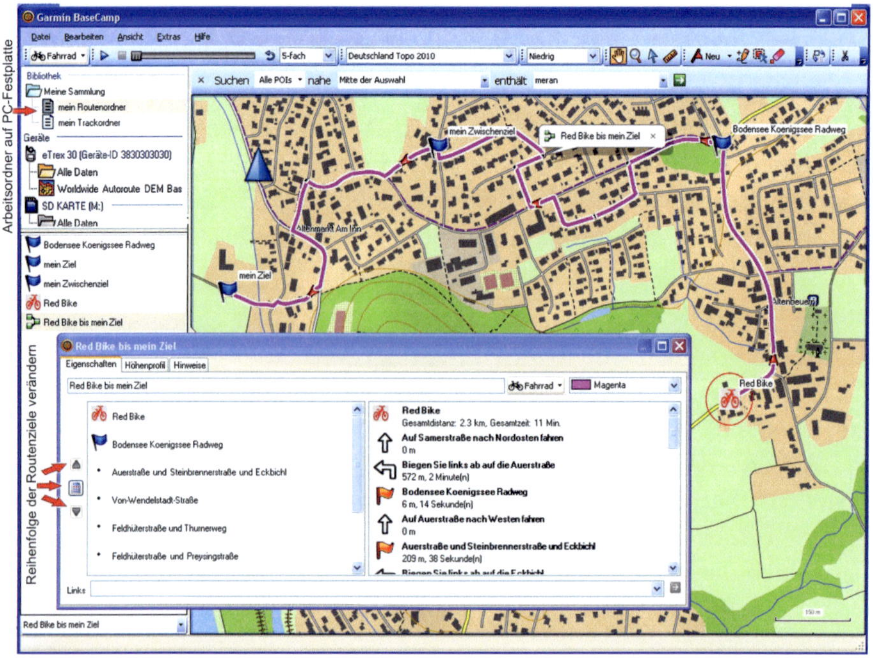

Abbildung 4-13 Route mit mehreren Mausklicks erstellen

Möchte man den Routenverlauf genauer definieren, so kann man das durch die Anwahl „Neu" > „Route" auftauchende kleine Arbeitsfenster sofort wieder schließen und mit der nun aktiven „Routen zeichnen"-Funktion direkt in der Karte Startpunkt, Zwischenziele und Endziel anklicken. Ihre Zwischenziele (Mausklicks) setzen Sie also in großen Abständen so auf Ihre bevorzugten Wege, dass die Software gezwungen ist, den Weg vom letzten Mausklick genauso zu berechnen, wie Sie sich das auch für Ihren Tourverlauf vorstellen. Mit einem rechten Mausklick beenden Sie die Route. Möchten Sie diese nun nachträglich bearbeiten, stehen Ihnen ebenso wie beim Track Bearbeitungswerkzeuge zur Verfügung, mit denen Sie der Route weitere Zwischenziele hinzufügen, verschieben, löschen oder die Route selbst zerteilen können.

Beide soeben gezeichneten Objekte finden Sie in der Objektliste links neben der Kartenansicht wieder. Durch die vorangestellten Symbole können Sie Tracks und Routen gut voneinander unterscheiden.

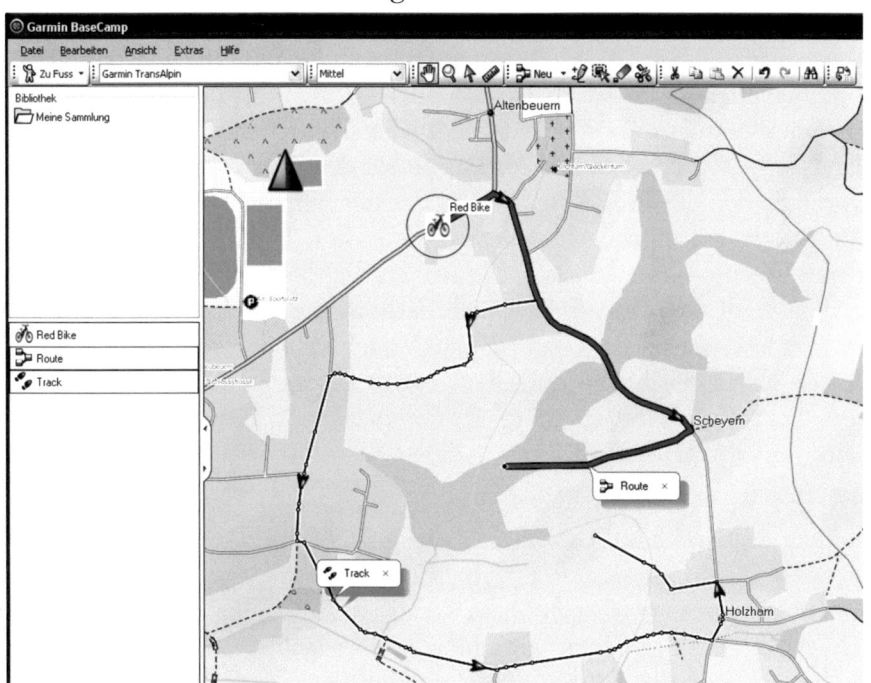

Abbildung 4-14 optische Merkmale Route und Track
(sowie Wegpunkt „Red Bike")

Der Sinn hinter dem Zeichnen eines Tracks ist der, dass es die einzige Möglichkeit ist, in einer nicht routingfähigen topografischen Karte eine Tour zu zeichnen. Dabei muss man Trackpunkt für Trackpunkt mit je einem Mausklick so genau auf den Weg setzen, dass die daraus entstehende Linie bestmöglich den Verlauf des Weges der Karte wiedergibt (die Brotkrümelspur, der Sie unterwegs folgen wollen), bis Sie Ihre gesamte Tour mit Brotkrümeln, oh sorry: mit Trackpunkten markiert haben. Ist man darin schon etwas geübt, benötigt man zum Zeichnen einer z.b. 80 km langen Fahrrad-Tour etwa 1 Stunde.

Mit dem Erscheinen der neuen routingfähigen, topografischen Garmin-Karten, etwa 2010, kann man sich diese mühselige Arbeit ersparen, indem man nun eben mit der Routenfunktion zeichnet. Nach Fertigstellung klicken Sie die in der linken Objektliste liegende Route mit der rechten Maustaste an und wählen aus dessen Kontextmenü „Track aus ausgewählter Route erstellen", um die geplante Tour für Ihr GPS-Gerät unveränderbar zu machen. Ihre ursprüngliche Route können Sie nun löschen, da sie nicht mehr benötigt wird (rechter Mausklick > Löschen). Dem nun erhaltenen Track hingegen, vergeben Sie nützlicher Weise zuerst einmal einen Namen mit dem Sie ihn dann im Track-Manager Ihres eTrex leicht wiederfinden können. Klicken Sie dazu doppelt mit der linken Maustaste auf den Track in der Objektliste, wodurch sich dessen Eigenschaften-Fenster mit Höhenprofil öffnet. In der obersten Eingabezeile der Eigenschaften betiteln Sie nun Ihren Track. Rechts hinter dieser Zeile öffnen Sie die Aufklappliste für Ihre Farbauswahl der Tracklinie. Diese Farbinformation bleibt Bestandteil der Trackdatei und wird dadurch auch nach dem Senden zum eTrex in dessen Kartenansicht in derselben Farbe angezeigt, sobald Sie dort in den Trackeigenschaften „Auf Karte anzeigen" aktiviert haben und keine andere Farbe auswählen.

➜ Um Elemente aus BaseCamp zu entfernen, klicken Sie mit der rechten Maustaste auf das nicht mehr gewünschte Objekt und wählen in dessen Kontextmenü „Löschen". Wählen Sie hingegen „aus der aktuellen Liste entfernen", so wird das Objekt nur aus dem Unterordner von „Meine Sammlung" entfernen, wobei es im Gesamt-Ordner „Meine Sammlung" jedoch erhalten bleibt. ⬅

Am übersichtlichsten lässt sich ein(e) Track/Route zeichnen, wenn man sich die gleiche Karte in Papierform neben den Bildschirm legen kann. Da ja der PC-Monitor eben wirklich nur den Ausschnitt darstellt, in den man soweit hineingezoomt hat, dass man auf dem Weg gut entlang zeichnen kann, weiß man so eigentlich kaum noch in welche Richtung man eigentlich zeichnen wollte. Aber gerade für die Urlaubsregion wird man diese Papierkarte nicht noch zusätzlich zur Verfügung haben. Dann kann man sich auch so helfen, indem man sich zuerst mit der Trackfunktion und ganz wenigen Punkten die geplante Tour grob aus Luftlinien (Werkzeugleiste: Neu > Track) einzeichnet.

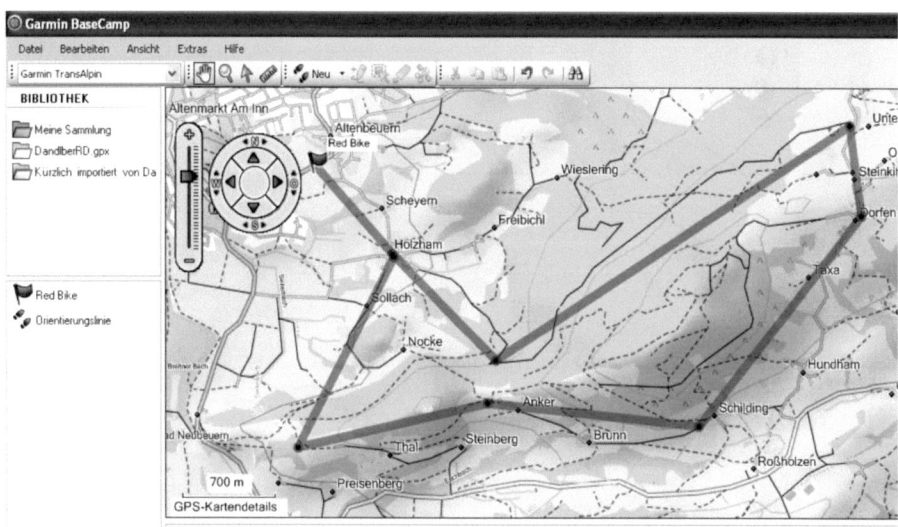

Abbildung 4-15 Tour grob vorzeichnen, damit bei der Vergrößerung am Bildschirm die Luftlinien die Richtung für den zu zeichnenden Track weisen.

Im 2.Schritt wird dann der eigentliche Track gezeichnet bzw. die markanten Zwischenziele für die Route gesetzt. Zoomen Sie dazu so weit in die Karte hinein, dass Sie die Wege gut erkennen können. Nun zeigt Ihnen die Luftlinie stets die grobe Richtung auch außerhalb des Bildschirms, woran Sie sich beim Zeichnen orientieren können.

Zum Erstellen einer Route brauchen Sie natürlich gar nicht mehr so weit in das Kartenbild hinein zu zoomen. Denn den nächsten Mausklick (Zwischenziel) brauchen Sie ja erst dorthin zu setzen, bis wohin auch die Software keinen anderen Weg, als den von Ihnen gewünschten, berechnen kann.

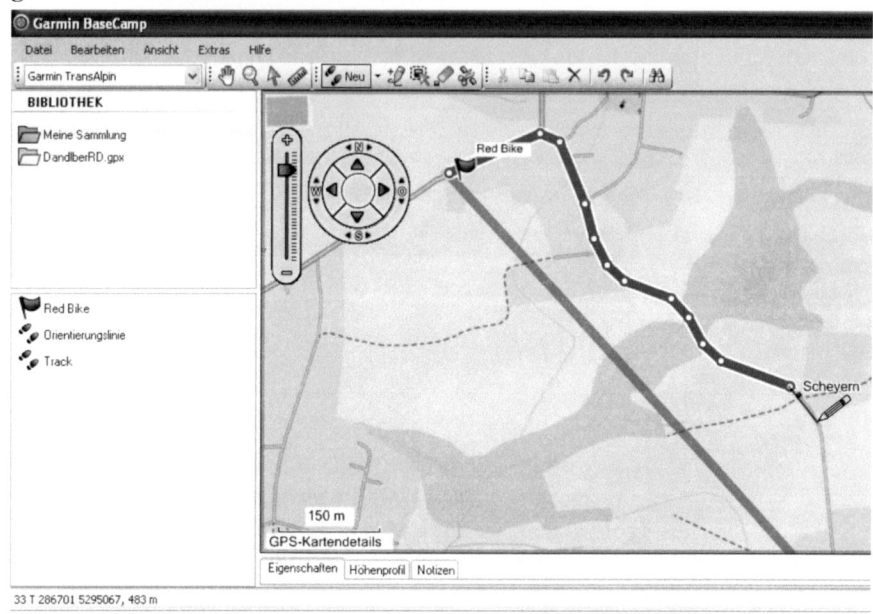

Abbildung 4-16 die Luftlinie dient nun zur Orientierung beim Zeichnen

Die Such-Funktion in BaseCamp

In den topografischen Garmin-Karten sind bereits einige Fahrrad-touren eingezeichnet und durch eine blaue Strichlinie markiert. Lesen Sie im Handbuch, welches der Karte beiliegt, welche Touren in der Karte eingetragen sind. Klicken Sie auf den Fernglas-Button in der oberen Werkzeugleiste, damit sich die „Suchen"-Symbolleiste öffnet und Sie im Eingabefeld „enthält" den Suchbegriff für eine Tour eingeben können. Starten Sie die Suchfunktion mit dem grünen Pfeil rechts daneben.

Abbildung 4-17 "Suchen"-Symbolleiste, Aktivierung durch Fernglas-Button

So bekommen Sie z.B. mit dem Suchbegriff „Donauradweg" entsprechende Einträge in der Liste am rechten Bildrand angezeigt. Klicken Sie einen davon an, so springt die Kartenansicht an den Anfangspunkt dieser Tour. Wählen Sie nun Ihre bevorzugte Aktivität aus der Aufklappliste unter der Dateileiste, bevor Sie mit dem Zeichnen der Route beginnen. Da Sie der Software nicht mitteilen können, dass Sie die eingezeichneten Fahrradtour (den Donauradweg Variante Blautal) 1:1 übernehmen möchten, müssen Sie auf dieser blauen Linie in größeren Abständen entlang klicken, so dass die Route gezwungener Maßen auf dem eingetragenen Radweg entlangführt. Starten Sie das Erstellen der Route mit „Neu > Route", schließen Sie das auftauchende kleine „Leere Route"-Fenster, da Sie die Route in der Karte mit mehreren Zwischenzielen erstellen wollen.

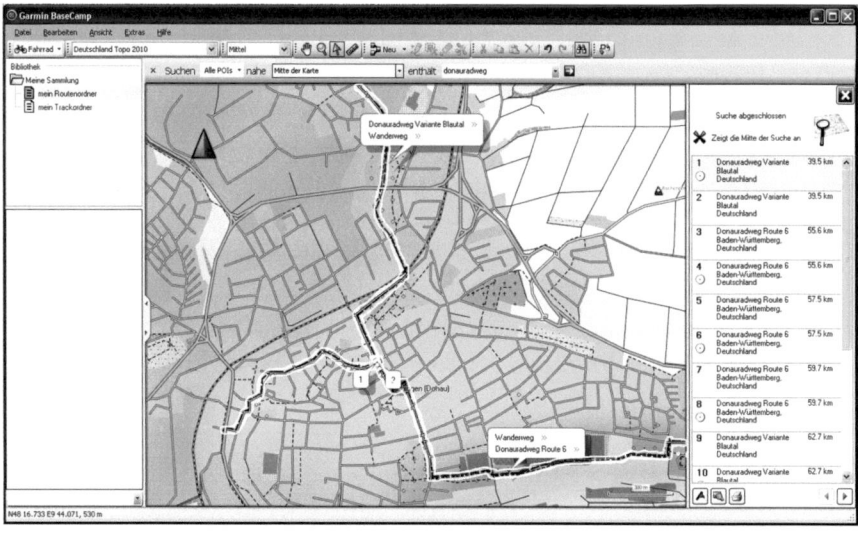

Abbildung 4-18 "Suchen"-Funktion in BaseCamp

Sind Sie sich bei der „Suchen"-Funktion nicht darüber bewusst, nach welcher POI-Kategorie Sie suchen, lassen Sie die Auswahl „Alle POIs" aktiv und wählen im Eingabfeld „nahe" die Auswahl „Mitte der Karte". So beginnt die Software vom Mittelpunkt der Karte aus nach dem eingegebenen Suchbegriff zu suchen und sucht natürlich auch über die aktuelle Darstellungsbegrenzung hinaus weiter.

Haben Sie eine detaillierte Tourenbeschreibung vorliegen, dessen Tour Sie nun in Ihrer elektronischen Karte am PC erstellen wollen, so hilft Ihnen ebenfalls die „Suchen"-Symbolleiste, um schnell voran zu kommen.

Nehmen wir eine Beispieletappe des Donauradweges aus dem Fahrrad-Führer des Kompass-Verlags. Die 7.Etappe führt auf 55 km von Ingolstadt nach Kelheim. Die Tourenbeschreibung besagt:

Ingolstadt – Mailinger See – Großmehring – Vohburg…

1. Wählen Sie also als erstes in den POI-Kategorien „Städte" (damit die Suche schneller abläuft), tippen in das Eingabefeld „enthält: Ingostadt" und starten die Suche durch Anklicken des grünen Pfeils rechts daneben. Klicken Sie den gefundenen Suchbegriff in der Auswahlliste am rechten Bildrand doppelt mit der linken Mausetaste an, damit dieser Ort in der Kartenmitte dargestellt wird.

2. Beginnen Sie nun das Erstellen der Route mit „Neu > Route" und schließen Sie sofort das auftauchende kleine Arbeits-fenster, da Sie wieder direkt in der Karte zeichnen wollen.

3. Setzen Sie Ihren Startpunkt mitten in Ingolstadt durch einen linken Mausklick.

4. Während nun zwar die „Routen zeichnen"-Funktion aktiv ist, können Sie trotzdem in die „Suchen"-Leiste klicken und dort den nächsten Ort aus Ihrer Tourenbeschreibung eintippen: „Mailinger See". (Um nicht lange herumzuraten, welcher POI-Kategorie dies entspricht, stellen Sie die Auswahl auf „Alle POIs") Starten Sie die Suche und klicken Sie dann mit der linken Maustaste einmal auf den gefundenen Eintrag in der

Liste am rechten Bildrand, wodurch dieser in der Karte angezeigt wird.

5. Führen Sie Ihren als Stift veränderten Mauszeiger, der immer noch aktiven Routenfunktion, in der Karte an diesen Punkt und klicken Sie mit der linken Maustaste einmal darauf. Die Route von Ingolstadt Mitte zum Mailinger See wird erstellt.

6. Wiederholen Sie nun Schritt 4 und 5 bis Sie Ihre Tagesetappe fertig erstellt haben.

Das Zeichnen der Route beenden Sie mit einem rechten Mausklick.

Um mehrere Routen oder Tracks mit seinesgleichen zu verbinden, markieren Sie die Routen bzw. Tracks in der Objektliste und klicken mit der rechten Maustaste auf die Markierung. Wählen Sie aus dem Kontextmenü „Erweitert > Ausgewählte Routen zusammenfügen". Daraufhin öffnet sich ein kleines Dialogfenster, welches Ihnen ermöglicht das jeweilige Teilstück in seiner Richtung umzukehren und in der Reihenfolge der Zusammenführung richtig anzuordnen.

Wandeln Sie die Route am Ende unbedingt zu einem Track um (rechte Maustaste > „Track aus ausgewählter Route erstellen") und speichern ihn als GPX-Datei auf Ihrem PC ab. Markieren Sie dazu den Track in der linken Objektliste und wählen Sie in der Dateileiste Datei > Exportieren > „Auswahl exportieren". Wählen Sie im erscheinenden Dialogfenster unbedingt den Dateityp „gpx" und vergeben Sie Ihrer Datei einen Namen. Haben Sie in Ihrer Bibliothek bereits einen Unterordner angelegt, in dem sich nun schon mehrere Tracks und Wegpunkte zu Ihrer Unternehmung befinden, können Sie auch ohne etwas zu markieren über Datei > Exportieren > den gesamten Ordner als eine GPX-Datei exportieren, in der sich dann also mehrere GPS-Objekte befinden. Diese auf Ihrer PC-Festplatte abgespeicherten GPX-Dateien können Sie dann jederzeit per Drag&Drop-Verfahren in den GPX-Ordner Ihres eTrex kopieren und behalten darin einen guten Überblick, weil Sie jede Datei korrekt benannt haben. Sie können jedoch auch direkt aus BaseCamp GPS-Objekte an Ihren eTrex senden. Somit müssen Sie sich keine Gedanken machen, in welchen Ordner Sie die entsprechenden Dateien kopieren müssen, aber können auch schnell den Durchblick verlieren, wenn Sie dann mal Ihren GPX-Ordner des eTrex im Windows-Explorer öffnen. Denn die aus BaseCamp gesendeten Dateien erhalten alle einen automatisch benannten Namen, wie z.B. Track001, Track002 usw.

Der Name der GPX-Dateien hat nichts mit dem Tracknamen zu tun, der im eTrex Track-Manager angezeigt wird. Der Dateiname dient lediglich im Windows-Explorer zur besseren, eigenen Identifizierung der dort liegenden Dateien.

Haben Sie Ihre Tourvorbereitung als Route belassen, wird diese zwar ebenfalls als GPX-Datei im GPX-Ordner abgespeichert, ist im Gerät jedoch dann im Routen-Manager, erreichbar aus dem Hauptmenü, zu finden. Dort kann die Route dann zur Navigation aufgerufen werden, aber auch gern über das Zieleingabe-Menü > „Routen". Sobald Sie sich jedoch nicht genau an den Ablauf Ihrer vorbereiteten Route halten, kann es zu Irrtümern zwischen Ihnen und Ihrem eTrex kommen. Denn dieser kann nämlich nicht wissen, warum Sie z.B. den Startpunkt ausgelassen haben und akzeptiert dies meist auch nicht. Ihr GPS-Gerät möchte sie unbedingt in der Reihenfolge vom Startpunkt über die Zwischenziele zum Endpunkt führen, wie Sie es bei der Routenplanung festgelegt haben.

➜ Wandeln Sie ihre als Route gezeichnete Tour immer zu einem Track um, bevor Sie diese an Ihr GPS-Gerät senden. Da eine Route nach dem Senden zum GPS-Gerät von diesem neu berechnet wird, besteht die Gefahr, dass die Einstellungen im GPS-Gerät nicht den Routing-Einstellungen der Planung am PC entsprechen. Somit wird die Route im eTrex anders berechnet. Man würde z.B. bei einer Transalp losfahren und womöglich dann doch auf anderen Wegen zum Ziel navigiert werden. Da aber bei einer Transalp der Weg das Ziel ist, weil genau auf dieser Strecke das schönere Panorama oder der bessere Weg ist, als auf der dazu parallel verlaufenden Strecke am nächsten Berg/Tal, ist es meist erwünscht, dass die Route aus keinen Gründen automatisch verändert wird.

In BaseCamp lässt sich eine Route mittels rechtem Mausklick auf den Routennamen einfach zu einem Track umwandeln. Wie bereits gelernt, bleibt der Track nach dem Senden zum Gerät unverändert, kann in einer Wunschfarbe im Gerätedisplay angezeigt werden und auch wenn man sich von diesem Weg wegbewegt, bleibt er unverändert und zeigt immer die eigentlich geplante Tour an. Ihr eTrex hält sich aus allen Berechnungen heraus. Durch die Aufzeichnung der eigenen Fortbewegung sieht man genau wo man vom Weg abgekommen ist, welchen Teil man verpasst hat und kann eigenständig Wege wählen, um zur Tracklinie am Display wieder zurück zu finden. Zusätzlich kann man aber auch ein Routing starten, um auf die Tracklinie zurück- geführt zu werden (in der Kartenansicht mittels Thumb Stick-Zeiger einen Punkt auf der zu erreichenden Tracklinie anvisieren, bestätigen und in der erscheinenden Ansicht mit „Go" starten).

Nicht verwechseln:

- Routen nachträglich zu Tracks umzuwandeln ist in Ordnung und erleichtert die Arbeit beim Erstellen/Zeichnen der Tour.

- Tracks zu Routen umwandeln, macht jedoch keinen Sinn – Finger weg! – ←

Eine andere Art der schnellen Vorbereitung einer Tour am PC könnte auch so aussehen, dass man sich nur die Wegpunkte von den Zielen erstellt, die man unterwegs im eTrex schnell auswählen will, weil man noch nicht weiß, in welcher Reihenfolge diese erreicht werden sollen. So können Sie dann im Zieleingabemenü des Gerätes, dort unter „Wegpunkte", Ihre erstellten Wegpunkte/Ziele während der Tour schnell und unkompliziert aufrufen und das Routing zu diesem Punkt mit „Go" starten. Bei der Vorbereitung am PC reicht dann also aus, nur die Wegpunkte in einer GPX-Datei abzuspeichern (in BaseCamp: alle Wegpunkte markieren, Dateileiste > Exportieren > „Auswahl exportieren" und in den GPX-Ordner des GPS-Gerätes zu legen/ oder rechter Mausklick auf die markierten Punkte > senden an erkanntes Gerät oder dessen microSD-Karte).

Höhenwerte laut GPS-Daten oder barometrischer Messung

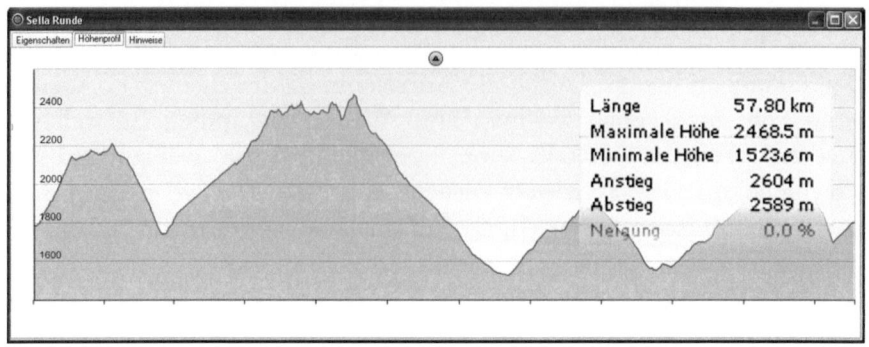

Abbildung 4-19 Gesamthöhenmeter eines Tracks in BaseCamp

Programme, welche die <u>Gesamthöhenmeter</u> einer geplanten Tour im Voraus angeben, zeigen immerhin „nur" einen theoretischen Wert. Durch die Summierung der im Einzelnen um vielleicht nicht einmal 1m abweichenden Höhenangaben, die auf dem gezeichneten Track erkannt wurden, kann es in der Summe doch zu einer sehr großen Abweichung zu den tatsächlich bevorstehenden Höhenmetern kommen. Daher kann ein und derselbe Track beim Öffnen in verschiedenen GPS-Programmen unterschiedliche Gesamtaufstiegswerte anzeigen. Unsere Erfahrungen bei der Trackerstellung in den „MagicMaps 3D"-Karten zeigten, dass es sich immer um etwa 10-20% mehr geplante als tatsächlich zu bewältigende Gesamthöhenmeter handelte.

Währenddessen geht es in Garmin´s BaseCamp etwas genauer zur Sache. Dort wich der theoretische Gesamtaufstiegswert um nicht mehr als 10% von der barometrischen Aufzeichnung ab. Dafür aber eben auch mal bis zu 10% weniger, als es dann tatsächlich zu bewältigen gab. Dies sollte man bei der Planung von besonders langen Touren immer bedenken, um das Ziel „entspannt" und vor Einbruch der Dunkelheit erreichen zu können.

In BaseCamp ist nur das Höhenprofil eines/r in topografischen Garmin-Karten gezeichneten Tracks/Route aufrufbar. Garmin-Straßenkarten enthalten keine Höheninformationen. Handelt es sich jedoch um einen bereits mit dem GPS-Gerät aufgezeichneten Track, so ist auch beim Aufrufen in der Straßenkarte das aufgezeichnete Höhenprofil eines Tracks sichtbar.

Das wahre Ergebnis zeigt nur der barometrisch gemessene „Anstieg gesamt" im Display des eTrex in der Höhenprofil- und Reisecomputeransicht im Datenfeld „Anstieg gesamt" an. Haben Sie die Werte Ihres Reisecomputers bereits wieder auf null zurückgesetzt, erfahren Sie den Gesamtwert der Tour erst, wenn Sie den Track im Gerät abgespeichert haben. Im Track-Manager rufen Sie diesen Track und dessen Eigenschaften auf, lassen den Track in der „Karte anzeigen" und (1.Bild v.li.) wählen dort mittels „menu"-Taste die Option „Track anzeigen" (2.Bild v.li.). Es öffnen sich die Details zum Track wie eben die barometrischen Höhenmeterangaben –nur eTrex30– (3.Bild v.li.).

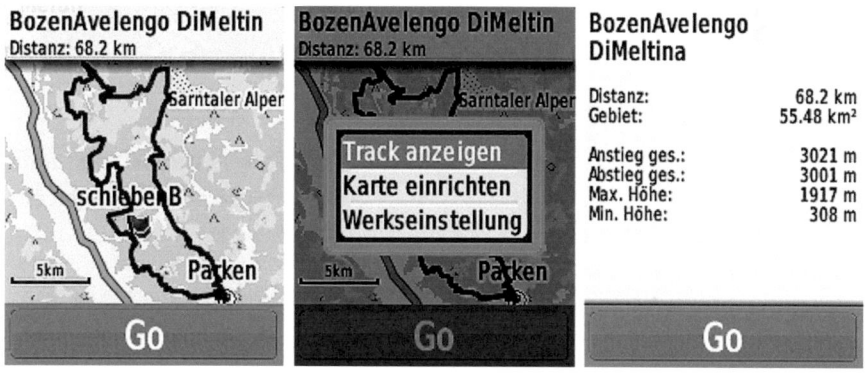

Abbildung 4-20   eTrex 30: Barometrische Höhenangaben aufrufen

Wegpunkte mittels Koordinaten erstellen

Inzwischen ist es ja oft schon so, dass man im Internet Anfahrtsbeschreibungen mit der Koordinatenangabe findet oder auch in Google Earth mit der Suchen-Funktion ganz schnell einen interessanten Punkt aufgestöbert hat. Aber wie bekommt man diesen Wegpunkt in den eTrex, wenn kein Download-Link verfügbar ist?

Beispiel: Geben Sie in GoogleEarth, in das „Suchen" -Feld einen Ort oder ein Merkmal ein, nachdem Sie suchen möchten. Sagen wir mal „Red Bike, Neubeuern" und klicken Sie auf die Lupe rechts daneben, um die Suchen-Aufgabe zu starten. In der Liste darunter, links neben der Kartenansicht, sollten Sie daraufhin eine Auswahl von Punkten erhalten, die den Suchparametern am ähnlichsten sind. Darunter sollte also auch „Red Bike, Samerstr.42, 83115 Neubeuern" auftauchen. Klicken Sie diesen Eintrag doppelt mit der linken Maustaste an, worauf sich der Kartenausschnitt um diesen Wegpunkt zentriert. Klicken Sie den Eintrag anschließend einmal mit der rechten Maustaste an, und wählen Sie im Maus-Kontextmenü den Eintrag „Eigenschaften". Im Eigenschaftsfeld dieses Wegpunktes finden Sie die Koordinaten:

Breite: 47° 29.520'N

Länge: 11° 5.101'E

Sollte das Format Ihrer Koordinatenanzeige anders aussehen, können Sie das in den Einstellungen ändern (Dateileiste: Tools > Optionen. Auf der Registerkarte „3D-Ansicht", im Feld „Breite/Länge anzeigen", wählen Sie ein anderes Format. Das hier dargestellte Beispiel nennt sich „Grad, Dezimalminuten").

Da Sie in der kostenlosen GoogleEarth-Version keine Möglichkeit haben, diesen Wegpunkt in Ihr GPS zu laden, erstellen Sie nun selber in Ihrer Kartensoftware am PC einen Wegpunkt. In BaseCamp wählen Sie in der oberen Werkzeugleiste aus der Aufklappliste neben „Neu" > „Wegpunkte" und klicken anschließend wahllos in die Karte, um irgendwo einen Wegpunkt zu erstellen. Danach erscheint der Punkt in der Objektliste. Klicken Sie diesen dort mit der rechten Maustaste an, und wählen Sie aus dessen Kontextmenü den Eintrag „Eigenschaften". In dem sich öffnenden Fenster können Sie nun in der Eingabezeile „Position" die Koordinaten aus GoogleEarth eintragen bzw. abändern. Wichtig ist natürlich jetzt, dass in dieser Kartensoftware das gleiche Koordinatenformat wie in GoogleEarth eingestellt sein muss. Nur wird die Positionsangabe in der Garmin-Software in einer Zeile und ohne das Grad- und Minuten-Symbol geschrieben. Des Weiteren wird statt dem Gradsymbol ein Leerzeichen eingefügt. Die Richtungsangaben „N" und „E" werden vor den jeweiligen Zahlenwert geschrieben. Die Position des wahllos angeklickten Punktes sollte in BaseCamp jetzt also so aussehen:

N47 29.520 E11 05.101

Ist das nicht der Fall, können Sie das Positionsformat wie folgt in BaseCamp umstellen: Dateileiste > Extras > Optionen > „Messung" und hier im Feld „Position". In der Aufklappliste „Gitter" wählen Sie den ziemlich weit oben aufgeführten Eintrag „Breite/Länge hddd°mm.mmm´ ". Das Kartenbezugssystem „WGS84" bleibt bestehen. Anschließend kopieren Sie die Koordinaten von Google Earth in die Wegpunkteigenschaften (und ändern die genannten Schreibabweichungen ab) oder tippen alles von Hand ein.

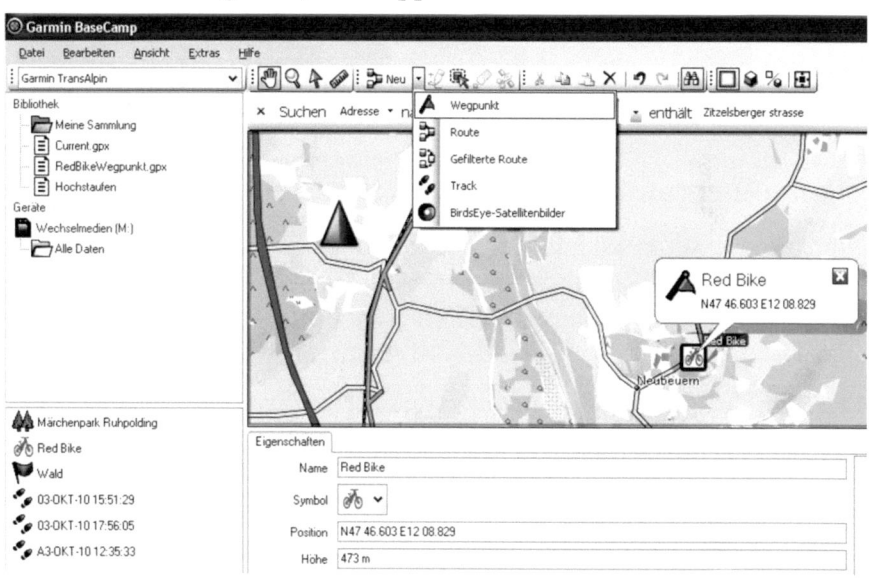

Abbildung 4-21 Wegpunkt erstellen in BaseCamp

Sicher soll die Höhenangabe auch korrekt sein. Denn es ist noch die Höhe des wahllos angeklickten Punktes in der topographischen Karte eingetragen (wurde der Wegpunkt in der Straßenkarte erstellt, ist im Moment noch gar keine Höhenangabe vorhanden). Die richtige Höhe können Sie nun dadurch ermitteln, dass Sie in der Werkzeugleiste den Zeigepfeil anklicken und mit diesem in der Karte um den Wegpunkt herum nach Höheninformationen suchen. Zeigen Sie z.B. auf eine Höhenlinie wird die Höhe eingeblendet. Wenn gar nichts zu finden ist, könnte man auch mit dem „Track zeichnen"-Werkzeug an dem fraglichen Punkt einen Track beginnen, um in dessen Höhenprofil die Starthöhe angezeigt zu bekommen. Tragen Sie dann den entsprechenden Wert bei den Wegpunkteigenschaften in das Feld „Höhe" ein.

Den erstellten Wegpunkt speichern Sie sich als GPX-Datei auf Ihrem PC ab, um diesen dann in den GPX-Ordner des eTrex-Gerätespeichers kopieren zu können (in BaseCamp: in der Objektliste gewünschten Wegpunkt markieren, über Dateileiste > Datei > Exportieren > „Auswahl exportieren" / oder gleich mit rechter Maustaste auf den Wegpunkt in der Objektliste klicken und an angeschlossenes Gerät senden).

eigene Wegpunkt-Symbole erstellen

Wer seinem Wegpunkt in der Karte am PC und im GPS gern sein eigenes Symbol geben möchte, kann sich hierfür ein x-beliebiges, gut erkennbares Bildchen in einer Größe von 16x16 Pixel anlegen und im Bild-Dateiformat „BMP" (Windows-Bitmap) abspeichern.

Der Speicherort für diese benutzerdefinierten Symbole ist am PC der Ordner „Benutzerdefinierte Wegpunktsymbole", der sich automatisch im „Mein Garmin"-Ordner unter „Eigene Dateien" mit der Softwareinstallation auf Ihrem Rechner erstellt haben sollte. Ist das nicht der Fall, legen Sie dort einfach einen neuen Ordner mit rechtem Mausklick „Neu" > „Ordner" an, den Sie genau so benennen.

Der Name Ihrer Bilddatei muss aus drei Zahlen bestehen. Schauen Sie am besten zuerst in dem bereits vorhandenen Ordner nach, welche Bilddateien dort schon bestehen, welche Nummerierung sie besitzen und geben Ihren Symbolen die nachfolgenden Nummerierungen, wie z.B. 020.bmp; 021.bmp; 023.bmp usw.

In BaseCamp finden Sie dann Ihre eigens erstellten Symbole in den Wegpunkteigenschaften bei der Symbolauswahl unter „Benutzer-definiert".

Um dieses Symbol auch im eTrex verwenden zu können, kopieren Sie das Bildchen mittels des Arbeitsplatz-Explorers in den „CustomSymbols"-Ordner im „Garmin"-Ordner des GPS-Gerätespeichers bzw. legen sich dort den Ordner erst einmal an. Auch in Ihrem GPS-Gerät finden Sie dann das Symbol bei der Symbolauswahl eines Wegpunktes unter „Benutzerdefiniert".

➔ Ganz egal, in welcher Software man die Tour erstellt, egal ob als Track, als Route oder nur einzelne Wegpunkte, am Ende sollten die Objekte auf alle Fälle im GPX-Format abgespeichert werden können oder in einem Format, was man auf www.gpsies.com mit dem Konverter in das GPX-Format umwandeln kann.

GPX-Dateien werden in den GPX-Ordner im Garmin-Ordner des Gerätespeichers abgelegt:

- entweder durch die BaseCamp-Software (Objekt(e) markieren und mit rechtem Mausklick „senden an" > „erkanntes Gerät"), wobei die gesendeten Daten in einer automatisch benannten Datei in den GPX-Ordner gelegt werden oder

- mit der hier schon ausgiebig beschriebenen Drag&Drop Funktion im Arbeitsplatz-Explorer, bei der man jede Datei x-beliebig benennen und somit auf einen Blick wiedererkennen kann. ⬅

Fotos georeferenzieren

Im Zeitalter von GPS und GoogleEarth ist es schon selbstverständlich, dass man zu bestimmten Wegpunkten auch Fotos findet, durch die man sich einen noch besseren Eindruck über einen Ort verschaffen kann, den man selbst noch nicht kennt. Möchte man diese Fotos nun auch gleich zur Navigation verwenden, hat man über die „Garmin Connect Photos"-Plattform die Möglichkeit, diese Fotos in den eTrex zu laden. Diese Anwendung finden Sie auf https://connect.garmin.com/photos . Dort wählen Sie oben rechts Ihre Sprache und loggen sich mit Ihrem Garmin Benutzerkonto-Login ein. Dann wählen Sie den Ort der Fotosuche und legen die gewünschten Fotos in Ihre Download-Liste. Letztendlich wählen Sie bei angeschlossenem GPS „An Gerät senden", worauf die Fotos in den JPEG-Bilderordner Ihres eTrex-Gerätespeichers gelegt werden.

Haben Sie selber Fotos, die Sie im Web veröffentlichen möchten, und sind nicht im Besitz einer GPS-Fotokamera, können Sie das Fotoportal „Panoramio" nutzen. Richten Sie sich dazu ein kostenloses Konto ein. Dann können Sie Ihre Fotos auf der Landkarte an den Platz Ihrer Entstehung schieben und für die Öffentlichkeit oder nur ausgewählte Personen freigeben. Über den „connect.garmin.com/photos"-Webdienst könnten Sie sich Ihre, nun georeferenzierten, Fotos wieder herunterladen.

Einfacher und ohne Umwege gelingt Ihnen dieses Georeferenzieren Ihrer Fotos mit dem kostenlosen Bilddateien-Bearbeitungstool „Geosetter" von Friedemann Schmidt. Download und Beschreibung finden Sie auf www.geosetter.de .

In diesem Programm bekommen Sie die Möglichkeit, Ihrer Fotodatei unzählige Informationen anzuhängen. Ist man nicht gerade ein Enthusiast aus der Fotoszene, wird man wohl beim ersten Öffnen einer Bilddatei von der Fülle der „heimlichen" Informationen geradezu benommen sein, welche ein Foto so mit sich herum trägt.

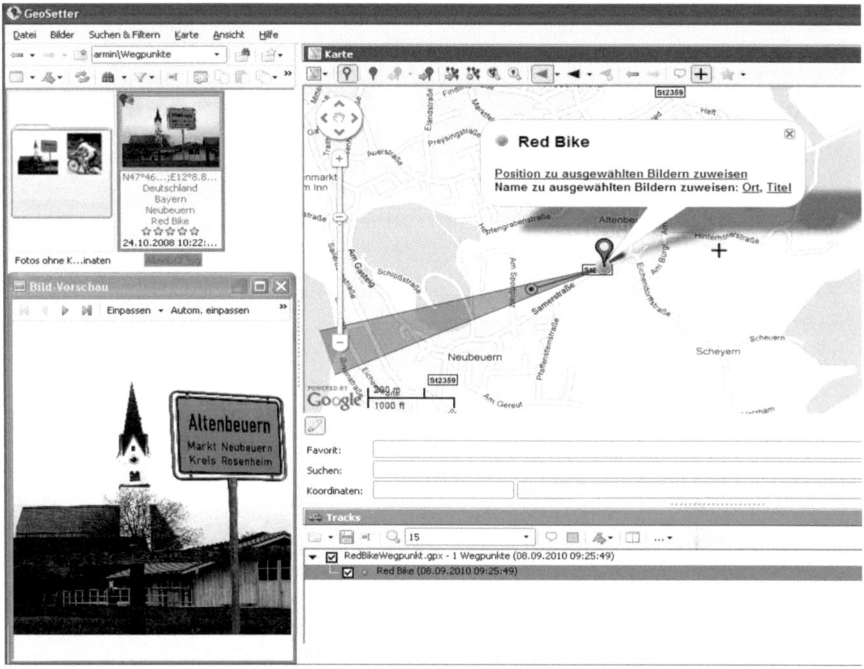

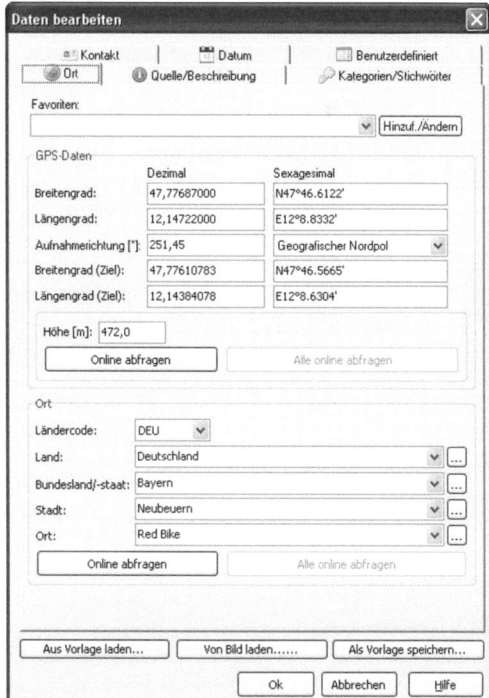

Abbildung 4-22 eigenen Fotos Koordinaten und Blickrichtung zuweisen

Name: Altenbeuern.jpg
Aufnahmedatum: 24.10.2008 10:22:42+02:00
Blende: F8
Brennweite: 22 mm
Belichtungszeit: 1/120 s
ISO: 100
Bildgröße: 1961x2136
Dateigröße: 403 KB
Dateidatum: 25.11.2010 15:43:07
Megapixel: 4,2
Hersteller: FUJIFILM
Modell: FinePix E550

Abbildung oben:
Mauszeiger auf eine Fotodatei

Abbildung rechts:
Bearbeitungsfenster der
Eigenschaften einer Fotodatei

Nachdem Sie das Programm auf Ihrem Rechner installiert und gestartet haben, öffnen Sie darin den eigenen Foto-Ordner durch Anwählen des Dateipfades in der Aufklappliste, gleich unter der Dateileiste.

Links neben der Kartenansicht, wo nun Ihre Fotos angezeigt werden, klicken Sie am besten bitte gleich einmal ein Foto doppelt an. Es öffnet sich dessen Eigenschaftsfenster mit den bereits vorhandenen Informationen zum Aufnahmedatum, welche Sie nun auch verändern könnten. Neben dem Künstler, Bildtitel, Beschreibung, Verlinkung, Kontaktdaten etc. finden Sie auf der Registerkarte „Ort" die Möglichkeit, die Koordinaten einzutippen und die Höhe einzutragen oder online abzufragen. Andererseits können Sie aber auch die Wegpunkte verwenden, die Sie z.B. mit Ihrem GPS erstellt haben, um dessen Koordinaten dem Foto zuzuweisen. Dazu öffnen Sie Ihre GPX-Wegpunktdatei über die Werkzeugleiste im unteren rechten Fenster. Klicken Sie den Aufklapppfeil neben dem gelben Ordner-Symbol an. Es öffnet sich ein Dialogfenster, durch das Sie auf den Speicherplatz und Ihre Wegpunktdatei zugreifen und diese in Geosetter öffnen können. Klicken Sie anschließend den Wegpunkt in der Karte an, wodurch sich ein Hinweisfenster öffnet, welches Ihnen die Aktion „Position zu ausgewähltem Bild zuweisen" anbietet.

Des Weiteren haben Sie mit den vielen Werkzeugen über der Kartenansicht genauso viele Möglichkeiten, einen Fotopunkt in der Karte zu erstellen, zu bearbeiten sowie dessen Blickrichtung zu ergänzen. Haben Sie alle Daten Ihres Fotos fertig bearbeitet, verwenden Sie den Button mit den zwei grünen Pfeilen „Bilderliste aktualisieren" (in der Werkzeugleiste über Ihrer Bildersammlung) oder verwenden Sie den Tastaturbefehl „F5", um alle bearbeiteten Daten in Ihrer Fotodatei abzuspeichern. In der Werkzeugleiste finden Sie ebenfalls einen Button mit dem blauen GoogleEarth-typischen Zeichen ◉. Mit Anklicken dieses Buttons können Sie ein oder mehrere Fotos in eine GoogleEarth-Datei umwandeln, abspeichern oder gleich in selbiger Dienstleistung anzeigen lassen.

Öffnen Sie nun den Foto-Ordner auf Ihrer PC-Festplatte in dem die Fotos liegen, die Sie soeben bearbeitet haben, mittels Windows-Explorer. Dort sollten nun das bearbeitete Foto und das gleiche Foto, jedoch in der Originalversion (ohne Koordinaten), liegen. Dem originalen Foto wurde die Ergänzung „original" an die JPG-Dateiendung   angehangen, was Sie dadurch vorrübergehend un-brauchbar gemacht hat. Benennen Sie Ihre ursprüngliche Datei um und entfernen Sie vor allem das „original"-Anhängsel. Nehmen Sie das bearbeitete Foto mit den GPS-Informationen und kopieren Sie es mittels Windows-Explorer in den JPEG-Bilderordner Ihres eTrex-Gerätespeichers, um es für die Foto-Navigation verwenden zu können.

Ein Georeferenzieren von Fotos in BaseCamp ist nicht möglich. Hier können dem geladenen Track nur Fotos zugewiesen werden, die bereits GPS-Informationen enthalten. Diese Fotos müssen zeitlich mit der Aufzeichnung des Tracks übereinstimmen.

Fotos, die Sie nun selber georeferenziert und in den JPEG-Ordner Ihres eTrex geladen haben, finden Sie im Hauptmenü > Bildbetrachter Ihres eTrex wieder. Dieses können Sie ganz einfach durch Anklicken öffnen und durch Betätigen der „menu"-Taste die weiterführenden Optionen aufrufen. Die erscheinende Auswahl (2.Bild v. li.) gibt Ihnen die Möglichkeit, sich den Punkt der Aufnahme in der „Karte anzeigen" (3.Bild v. li.) oder die Details zum Aufnahmeort durch „View Informationen" (4.Bild v. li.) darstellen zu lassen. In den beiden zuletzt genannten Ansichten erscheint auch der „Go"-Button, mit dem Sie sofort die automatische Navigation zu diesem Ort starten können.

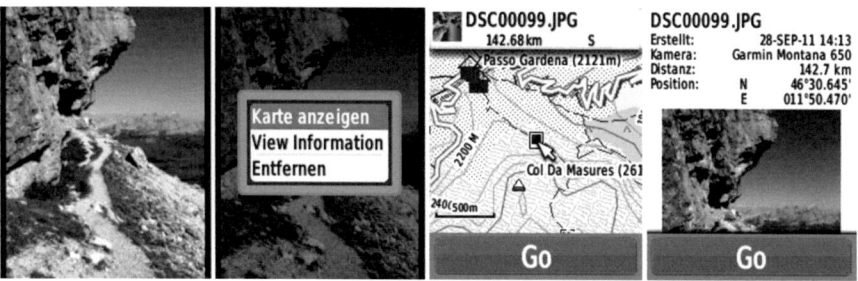

Abbildung 4-23 Foto im Bildbetrachter zur Navigation verwenden

Trackaufzeichnung am PC auswerten

Je nach verwendeter Software können Sie am PC Ihre GPS-Aufzeichnungen bis ins kleinste Detail auswerten, bearbeiten und weiterverwenden. Während Sie unterwegs die aktuellen Daten der „Reise" im Gerätedisplay vor Augen hatten, besticht die Betrachtung am heimischen PC durch die grafische Darstellung der erbrachten Leistung als Linie in der Karte, als Geländedarstellung im Höhenprofil oder in der 3D-Ansicht sowie durch die tabellarische Auflistung aller GPS-und Fortbewegungsdaten zur Tour.

Was unterwegs schnell einmal als „normal anstrengend" hingenommen wurde, versetzt bei der nachträglichen Betrachtung am PC oft ins Staunen und erinnert schneller an spezielle Schlüsselstellen zurück, denen man nach einer anstrengenden Tour kaum noch Bedeutung schenkte.

Aufzeichnung in BaseCamp öffnen

Schließen Sie deshalb Ihren eTrex per USB-Kabel an den PC an und erforschen Sie, was Sie geleistet haben! In Garmin´s BaseCamp-Software können Sie alle Daten, die sich in Ihrem Gerät und auf SD-Karte befinden, sofort sehen und komfortabel auswerten sowie bearbeiten.

Im oberen Teil in der linken Liste werden die Arbeitsordner auf der eigenen PC-Festplatte angezeigt und darunter alle externen Laufwerke, die erkannt wurden. Also auch Ihr GPS-Empfänger und die darin befindliche microSD-Karte. Klicken Sie mit der linken Maustaste einmal auf „Alle Daten" Ihres eTrex! In der Objektliste darunter werden nun alle Objekte angezeigt, die sich im Gerät befinden egal ob aktueller Trackspeicher, Archiv oder frei verfügbarer GPX-Ordner.

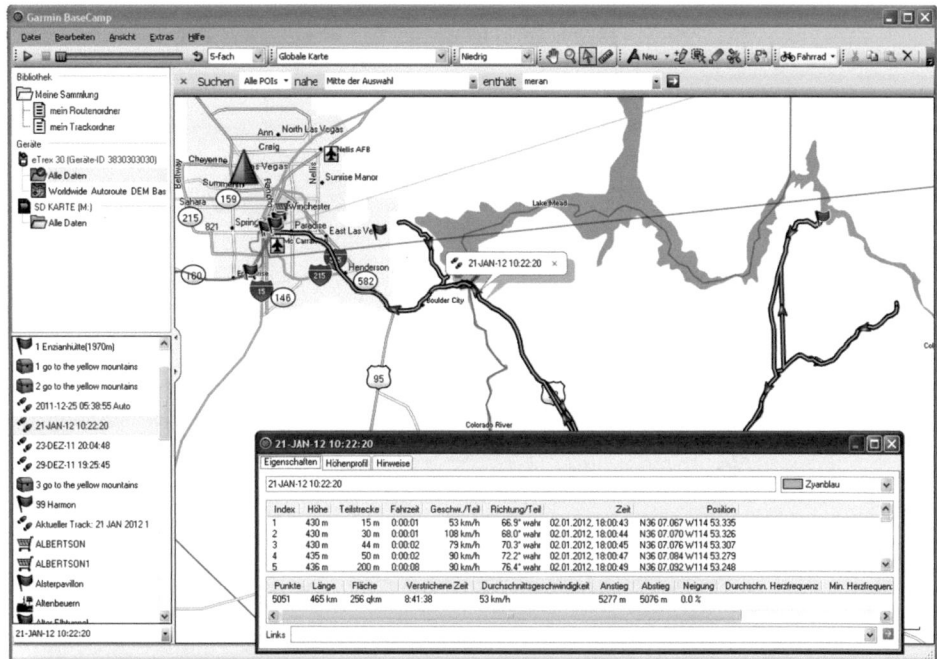

Abbildung 4-24 Zugriff auf angeschlossenes GPS-Gerät: Tracks im aktuellen Trackspeicher und abgespeicherte Tracks im „freien" Gerätespeicher, Wegpunkte, Fotos, Geocaches etc. sind allesamt hier ersichtlich

Aufzeichnungen die im aktuellen Trackspeicher liegen, werden mit „Aktueller Track: Datum" dargestellt. Eigens von Ihnen im Gerät abgespeicherte Aufzeichnungen, werden entweder automatisch mit dem Datum betitelt oder tragen den von Ihnen definierten Namen.

Verfügen Sie über Fotos einer externen GPS-Kamera zu einer aufgezeichneten Tour, können Sie diese in der Karte als Wegpunkte auf dem Track erstellen lassen (rechter Mausklick auf den Track, „Fotos mithilfe von Track Geo-Tags hinzufügen", dann den Datei-Pfad angeben, wo der Ordner mit den dazugehörigen Fotos liegt).

Klicken Sie in der Objektliste einen Track doppelt an, so werden von diesem sämtliche Informationen und Eigenschaften wie auch das Höhenprofil angezeigt.

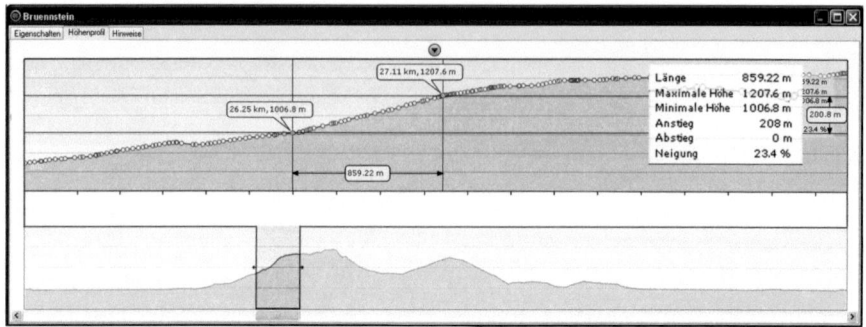

Abbildung 4-25 Registerfenster "Höhenprofil" eines angewählten Tracks, das Registerfenster „Eigenschaften" offenbart die gesamten Auf- und Abstiegswerte

Mit den Bearbeitungswerkzeugen über der Kartenansicht können Sie nun Verfahrwege heraus"radieren", den Track in Einzelteile schneiden (falls vergessen wurde, die Aufzeichnung auszuschalten, bevor man das Gerät an einem anderen Ort wieder eingeschaltet hatte) oder auch Trackpunkte einfügen, um eventuell eine kleine Umfahrung zu ergänzen.

Letztendlich muss man sich diesen ausgesäuberten, fertig bearbeiteten Track mit den dazugehörigen Wegpunkten, Fotos, etc. nun nur noch für die Ewigkeit abspeichern. Denn der Gerätespeicher und die Bibliothek in BaseCamp sind ist kein für die Ewigkeit sicherer Speicherort.

Als ordnungsliebender Mensch speichert man sich jeden Track einzeln inkl. zugehöriger Wegpunkte (z.B. Parkplatz/Start der Tour, schöne Ausblicke, Wasserstellen, bewirtschaftete Alm) in einer GPX-Datei auf der PC-Festplatte oder wo auch immer mit einem klar zu erkennenden Namen ab, z.B. „Wendelstein.gpx" (dazu die gewünschten Objekte in BaseCamp gemeinsam markieren, Dateileiste: Datei > Exportieren> „Auswahl exportieren").

Es spricht allerdings auch nichts dagegen, alle Aufzeichnungen, die sich aktuell im GPS-Gerätespeicher befinden, gemeinsam in einer GPX- oder GDB-Datei abzuspeichern: Dazu alles markieren und über Datei> Exportieren >"Auswahl exportieren" wählen. Im Prinzip ist es egal, ob im Garmin-Format „GDB" oder im universellen Format „GPX" abgespeichert wird. Wenn es sich aber um sehr viele umfangreiche Objekte und evtl. auch Verlinkungen mit Fotos in einer Datei handelt, muss man in diesem Fall das „GDB"-Format nutzen, um diese Datei in BaseCamp mit all seinen Objekten und eventuellen Verlinkungen zu Fotos wieder öffnen zu können. Soll nur die Strecke mit Wegpunkten abgespeichert werden, ist sicher das universelle GPX-Format besser, da man diese Datei dann auch gleich so wie sie ist im GPS-Gerät verwenden kann.

Hat man sehr viele diverse GPS-Objekte im Gerätespeicher liegen und verliert schon langsam den Überblick, so kann man sich mit Hilfe des Datenfilters z.B. nur die Tracks anzeigen lassen. Diese Funktion ist (aktuell/V.3.2.2) nur verfügbar, wenn Sie die Karten- und Datenfeld-

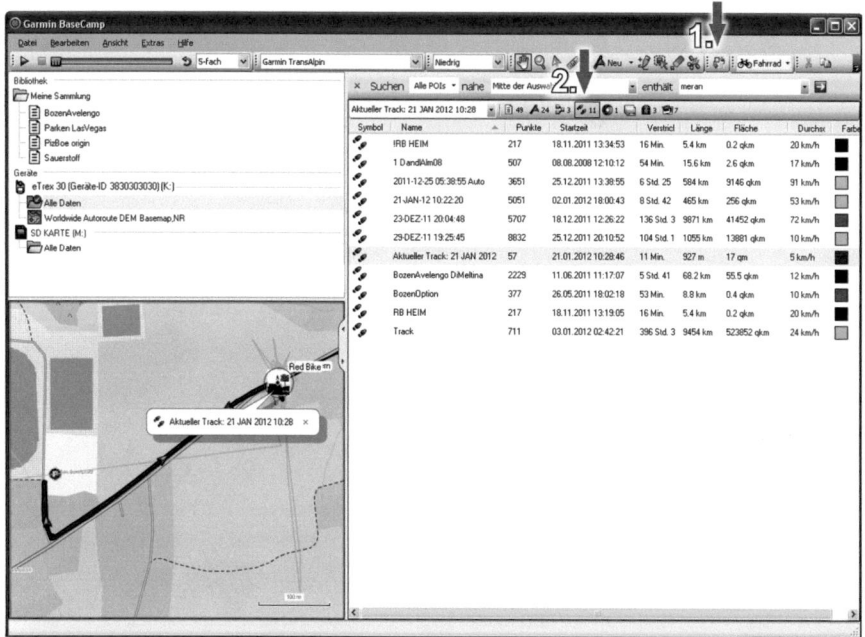

Abbildung 4-26 Werkzeugleiste:
1.)„Karten- und Datenansichten austauschen"-Button anklicken
2.) um Datenfilterfunktion nutzen zu können **4–139**

ansichten austauschen. Dadurch erhalten Sie über der nun rechts angeordneten Objektliste eine weitere Werkzeugleiste, mit dessen Button Sie sich nun Ihre gesamte Datensammlung getrennt nach Objekt-Kategorien anzeigen lassen können.

Möchte man letztendlich einen Track oder eine Route als ablaufende Animation in der 2D- oder 3D-Karte betrachten, bietet die Wiedergabe-Funktion in BaseCamp diese Möglichkeit an. Dazu aktivieren Sie über die Dateileiste > Ansicht > Symbolleisten die der „Wiedergabe" und wählen in der auftauchenden Abspielleiste eine Wiedergabegeschwindigkeit, die der 0,05- bis 100-fachen Ihrer realen Aufzeichnung entspricht. Klicken Sie nun eine(n) Track oder Route in der Objektliste doppelt an, damit sich das Eigenschaftsfenster öffnet, in dem Sie bitte auf das Höhenprofil umschalten. Schieben Sie es an eine Stelle, an der es Sie nicht stört, wenn Sie gleichzeitig den Track bzw. die Route in der Karte sehen wollen. Starten Sie schließlich die Wiedergabe mit dem Play-Button in der Wiedergabe-Leiste. Dadurch wird nun gleichzeitig in der Karte und im Höhenprofil die fortschreitende Position angezeigt.

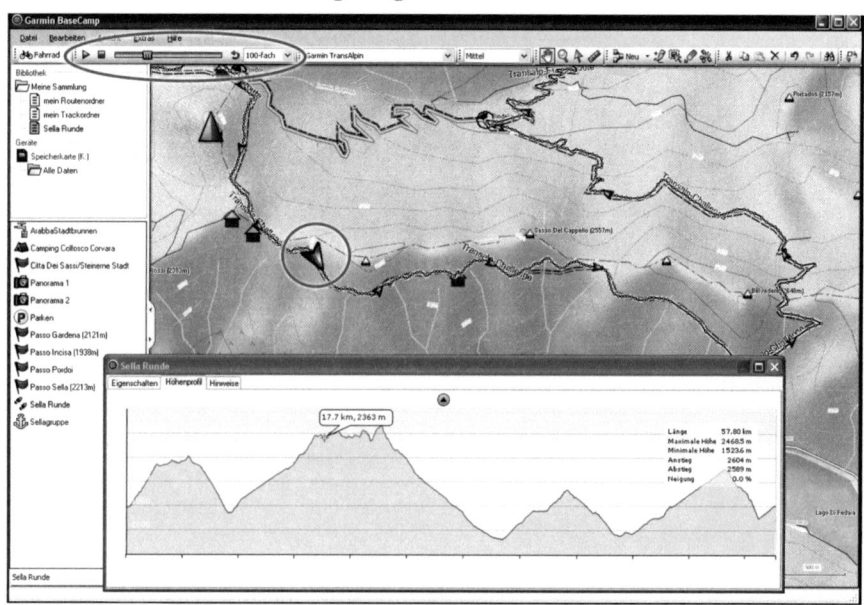

Abbildung 4-27 ablaufende Animation mit 100-facher Beschleunigung des originalen Aufzeichnungstempos

Ein weiteres Highlight ist die Ansicht der aufgezeichneten Tour in **GoogleEarth**:

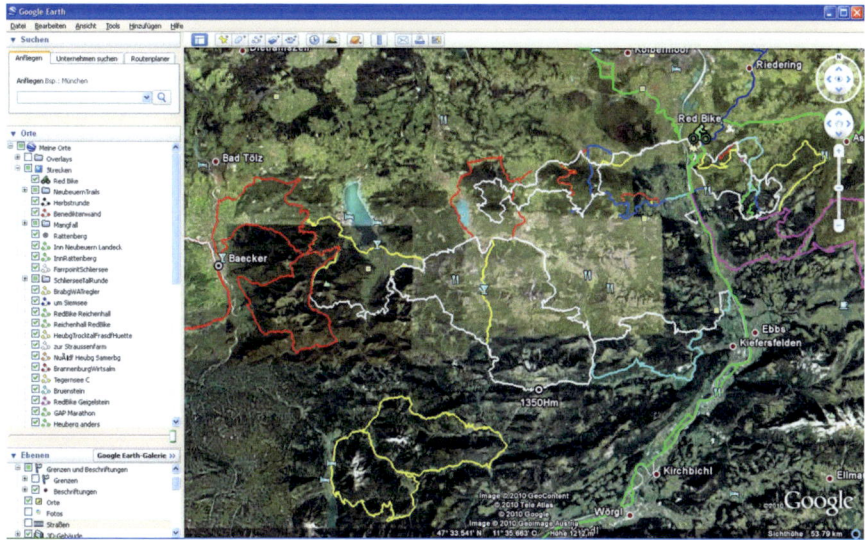

Abbildung 4-28 die eigene Tourenübersicht in GoogleEarth

Direkt in BaseCamp markiert man in der Objekt-Liste den Track oder Wegpunkt, der im Satellitenbild angezeigt werden soll. Über die Dateileiste > Ansicht > GoogleEarth > „Ausgewählte Elemente" wird GoogleEarth geöffnet, fliegt an die Position des ausgewählten GPS-Objektes und stellt dieses im Satellitenbild dar. So kann man sich sehr übersichtlich sein eigenes Tourenportal anlegen. Denn spätestens mit dem Schließen von Google-Earth können die bereits darin geöffneten Aufzeichnungen abgespeichert werden, um beim nächsten Öffnen wieder zur Verfügung zu stehen. So sieht man auf einen Blick, welche Teile der Erde man selbst schon einmal live erlebt hat.

Aufzeichnung in Garmin Connect öffnen

In Garmin´s Online-Auswertungsportal „Garmin Connect", auf http://connect.garmin.com haben Sie die Möglichkeit, Ihre GPS-Aufzeichnungen online einzusehen und auszuwerten.
Hier können Sie Ihre Aufzeichnungen direkt vom GPS-Gerät hochladen und im Internet mit anderen teilen. Dieser kostenlose Webdienst eignet sich besonders dann, wenn man selbst über keinerlei Kartenmaterial verfügt. Denn Garmin Connect verwendet von Bing und Google Karten- und Satellitenbilder zur Kartenhinterlegung. Ebenso können hier auch alle Fitnesswerte (Puls- und Trittfrequenzaufzeichnung) aus dem eTrex ausgelesen werden, die man zwar in der BaseCamp-Kartensoftware in der Höhenprofilgrafik angezeigt aber nicht detailliert aufgelistet bekommt.

Vorgehen: Nachdem Sie sich ein Benutzer-Konto angelegt und das GPS-Gerät mit dem PC verbunden haben, wird es automatisch erkannt, und Sie können die Daten unkompliziert aus dem Gerätespeicher hochladen.

Auf der Registerkarte Aktivitäten finden Sie Ihre bereits hochgeladenen GPS-Daten. Durch einen Klick auf die jeweilige Tour gelangen Sie zu den Details mit Höhenangaben, Geschwindigkeit etc.

➜Doch wieder aufgepasst bei den Angaben der Gesamthöhenmeter: In den Details zur jeweiligen Aufzeichnung können Sie nach der Datenübertragung auswählen, ob die barometrisch ermittelten und äußerst genauen Höhendaten vom eTrex-Modell mit Barometer (Höhenkorrektur deaktiviert) oder die Korrekturdaten eines Vermessungsdienstes verwendet werden sollen (empfohlen für alle eTrex-Modelle ohne Barometer). ⬅

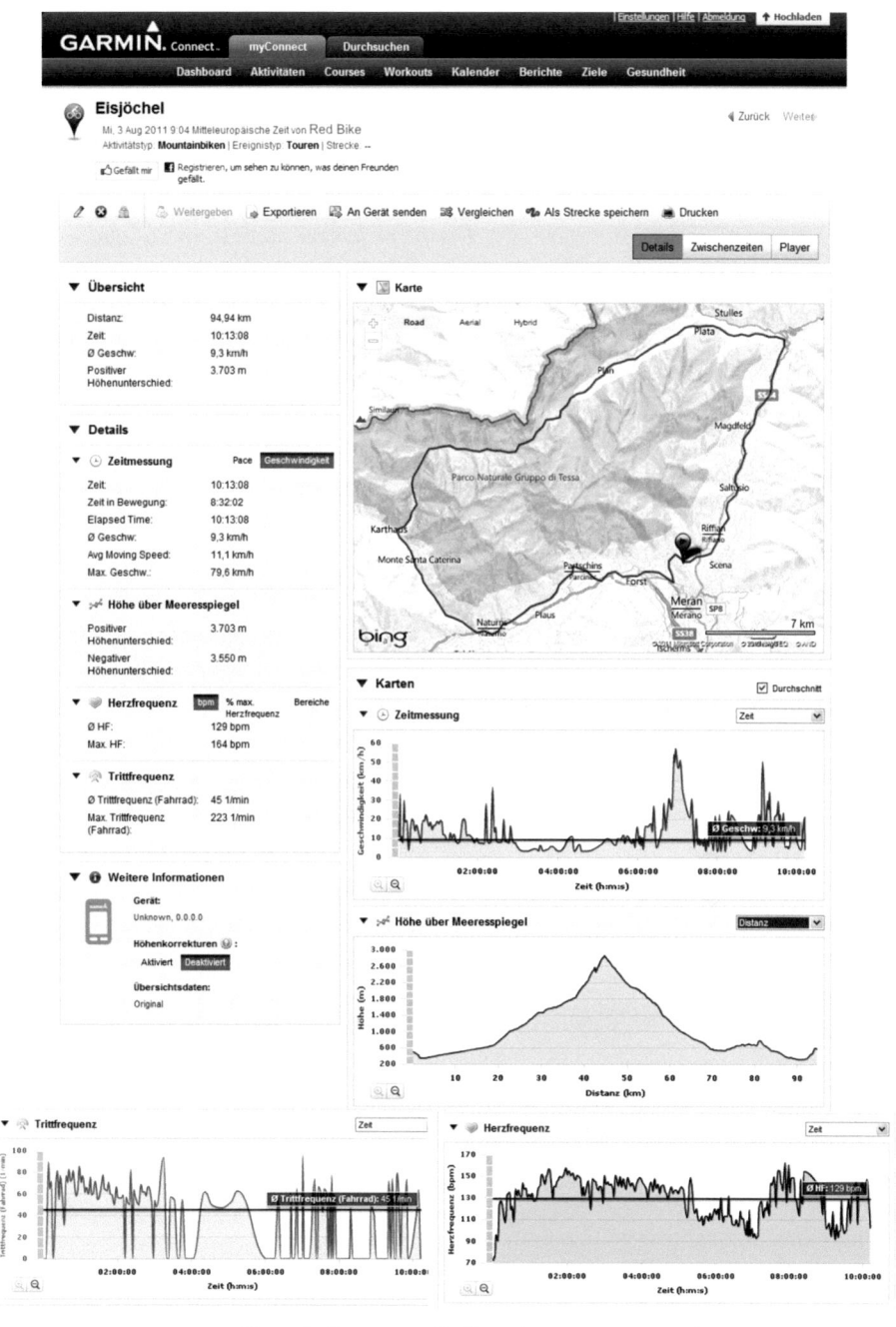

Abbildung 4-29 GarminConnect: Online Auswertungstool,
um die Fitnesswerte aus dem eTrex auszulesen

In der Funktion „Player" können verschiedene Werte einer Tour als Liniengrafik in verschiedenen Farben übereinander gelegt und in einer ablaufenden Animation betrachtet werden.

Berühren Sie in der Liniengrafik mit der Maus eine Linie, so werden die Daten von dieser Position im Profil sichtbar. Klicken Sie darauf, so wird diese Position auch in der Karte sichtbar.

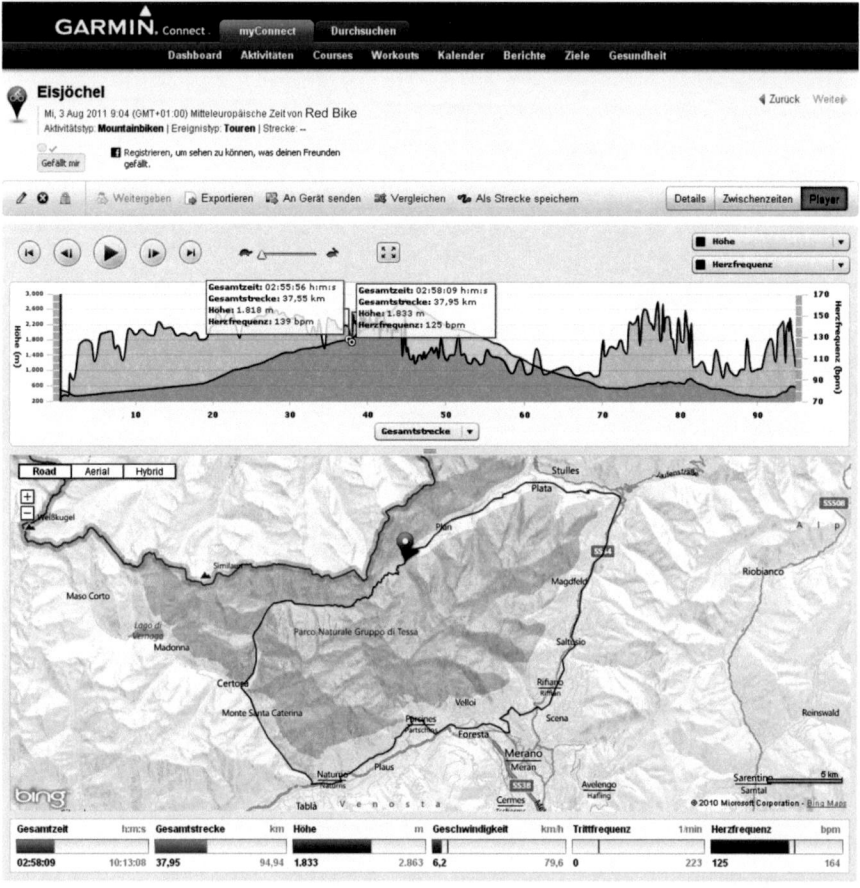

Abbildung 4-30 Garmin Connect: Ansicht im Player

Aufzeichnung im Garmin TrainingCenter öffnen

Wer von einer Online-Auswertung nichts hält, hat im Garmin „TrainingCenter" die Möglichkeit, seine Fitness-Daten in Verbindung mit der GPS-Aufzeichnung auszuwerten. Die Software steht den Nutzern eines Garmin GPS-Gerätes kostenlos als Download zur Verfügung:
www.garmin.de > Extras > Downloads: „TrainingCenter". Dort die neueste Version für Windows oder Mac auswählen (ohne ANT-Agent).

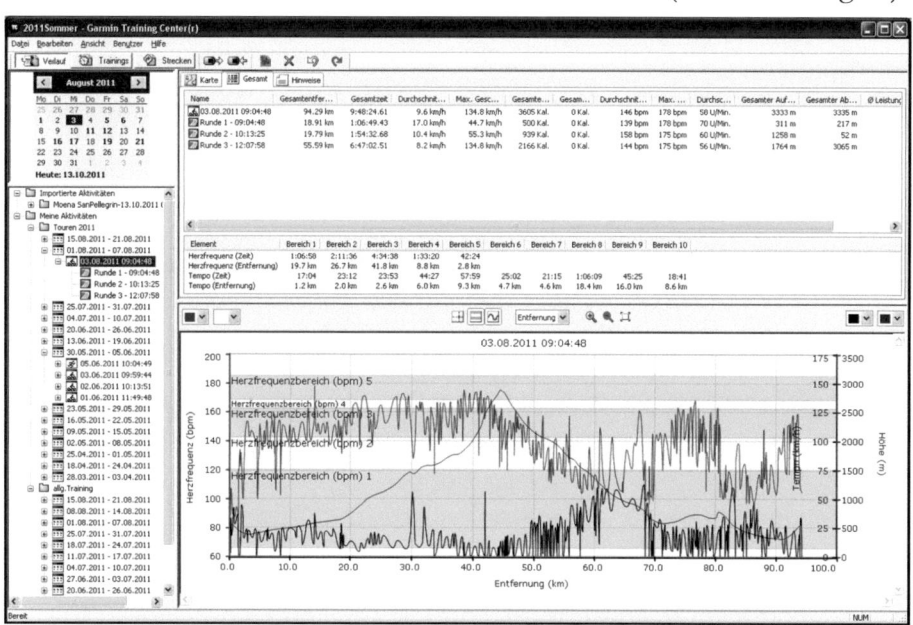

Abbildung 4-31 TrainingCenter: Programmfenster „Verlauf"

Dieses Programm ist in erster Linie für die genaue Auswertung der Trainingsdaten von Garmin GPS-Trainingsgeräten konzipiert. Es bietet keinerlei Möglichkeiten Tracks zu bearbeiten. Stattdessen findet man hier die detaillierte Auflistung aller Werte aufgezeichneter Touren, kann diese miteinander vergleichen, um den Trainingsfortschritt zu beobachten, kann sich einen Trainingsplan erstellen, um die gewünschte Fitness zu einem gestellten Ultimatum zu erreichen und vieles mehr, wobei letzteres schon in die spezielle Funktion eines Garmin-Trainingsgerätes übergeht und daher im eTrex nicht zu verwenden ist.

Haben Sie das „TrainingCenter" auf Ihrem Rechner installiert und das erste Mal geöffnet, erstellen Sie sich nun zuerst ein Benutzerkonto: Dateileiste > Benutzer > „Neues Benutzerkonto hinzufügen". Vergeben Sie dem Konto einen Namen nach Wunsch. Die Option „diesem Konto ein neues Gerät hinzufügen" können Sie außer Acht lassen, da der eTrex sowieso nicht als Trainingsgerät erkannt werden kann. Beenden Sie das Einrichten mit „OK".

Der Button „von Gerät empfangen" in der Werkzeugleiste über der Kartenansicht ist ebenfalls nicht für Ihren eTrex bestimmt. Um GPX-Trackaufzeichnungen aus einem Outdoor-GPS im TrainingCenter öffnen zu können, wählen Sie den Importieren-Weg über die Dateileiste: Datei > in aktuelles Benutzerkonto importieren > Verlauf. Im erscheinenden Dialogfenster wählen Sie in der Zeile „Dateityp" > „GPX-Dateien (*gpx)" aus und rufen in der Aufklappleiste am oberen Fensterrand das per USB angeschlossene GPS-Gerät auf. In dessen „Garmin"-Ordner und wiederum dessen „GPX"-Ordner finden Sie nun die GPX-Datei Ihrer im Gerät separat abgespeicherten Aufzeichnungen. Oder klicken Sie den im „GPX"-Ordner befindlichen „Current"- bzw. „Archiv"-Ordner doppelt an, wenn die gewünschte Aufzeichnung noch im „aktuellen Trackspeicher" liegt bzw. im eTrex bereits archiviert wurde.

Mit „Öffnen" holen Sie letztendlich die Daten ins TrainingCenter. Zu finden sind diese dann im Ordner „Importierte Aktivität", in der Liste links neben dem Kartenfenster.

Die Aufzeichnungen werden hier im TrainingCenter im Programmfenster „Verlauf" verwaltet. Das heißt, alle Daten bleiben hier gespeichert, auch wenn das Programm geschlossen und wieder geöffnet wird. Beim nächsten Importieren von Daten werden die neuen Daten einfach nach Datum sortiert dazu gelegt und die Liste wird immer länger. Mit einem rechten Mausklick auf „Meine Aktivitäten" können Sie sich weitere Unterordner für eine bessere Übersicht anlegen. Mit einem rechten Mausklick auf ein Tourdatum kann diese Tour in den entsprechenden Ordner verschoben werden (z.b. Touren2012, allgemeines Training…).

➔ Tipp: Jedoch ist es keine sichere Methode, sich auf eine Software zu verlassen, gerade wenn einem die Daten sehr wichtig sind. Daher empfehlen wir unbedingt von Zeit zu Zeit den gesamten <u>Verlauf</u> von diesem Benutzerkonto, also alle Aufzeichnungen die sich in der linken Liste angesammelt haben, als eine gesamte „Sicherungs"-Datei zu exportieren. Dazu markiert man den obersten Ordner, der also alle Daten enthält („Meine Aktivitäten") und speichert sich die gesammelte Trainings-Vergangenheit wie folgt ab: Datei > Meine Aktivitäten exportieren" unbedingt im TCX-Format mit einem klar zu identifizierendem Namen, z.b. „eTrex_ab20120401.tcx", bedeutet „Gerät_JahrMonatTag". So lässt sich nachträglich leicht nachvollziehen, welche Aufzeichnungen aus welchem Zeitraum sich in dieser Datei befinden, bevor man sie in das TrainingCenter importiert (öffnet), was bei einer Datei mit Aufzeichnungen über den gesamten Sommer doch ein paar Minuten dauern kann. ⬅

Aber auch einzelne Tagesaufzeichnungen können Sie sich im TCX-Format für die Wiederverwendung im TrainingCenter oder im GPX-Format für die Weiterverwendung in einer GPS-Kartensoftware oder dem GPS-Gerät abspeichern: entsprechendes Aufzeichnungsdatum in der Liste markieren > rechter Mausklick > "…" exportieren und entsprechenden Dateityp im erscheinenden Dialogfenster auswählen.

Die Darstellung im TrainingCenter

Rechts neben der Liste aller Trainingsaufzeichnungen befinden sich drei weitere, übereinander liegende Darstellungsfenster mit der „Karte"nansicht, den „Gesamt"daten und den eigenen „Hinweise"n zur angewählten Touraufzeichnung.

Im Fenster „Gesamt" können Sie mit einem Rechts-Mausklick auf die Bezeichnerleiste der Daten (bei Name, Gesamtentfernung, Durchschnittl.Pace…) an- oder abwählen, welche Werte angezeigt werden sollen. Unterhalb dieser Daten liegt die Splitting Ihrer Trainingsbereiche nach Zeit und Entfernung anhand Ihrer eingetragenen Herzfrequenz- oder Tempobereiche (Eingabe unter: Dateileiste > Benutzer > Profil für „…").

Im unteren Teil des gesamten TC-Fensters findet man die grafische Darstellung von bis zu vier Trainingswerten als Linie im Diagramm. Klicken Sie dazu eine Trainingsaufzeichnung in der linken Liste an.

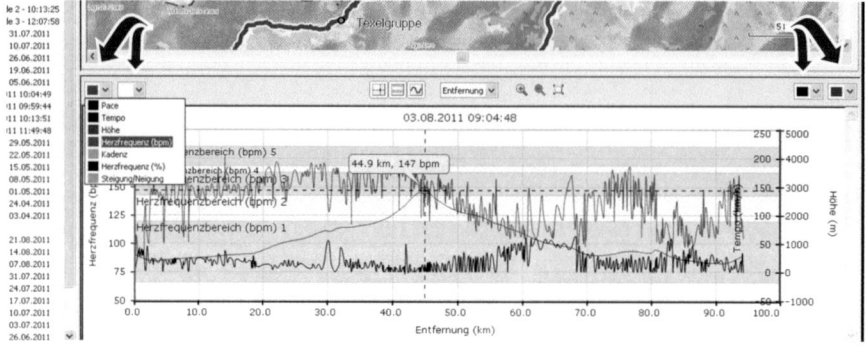

Abbildung 4-32 TrainingCenter: Diagrammwerte auswählen

Zeigen Sie auf die Listen-Aufklapppfeile oberhalb des Diagramms, und wählen Sie in jedem der 4 Fenster einen anderen Wert (mit Farbe) aus, der Sie am meisten interessiert. Der erste Wert von links bestimmt den Hintergrund des Diagramms. Kennen Sie Ihre Pulsbereiche in denen Sie Ausdauer und Kraft trainieren, wählen Sie aus der ersten Aufklappliste die Farbe „rot-Herzfrequenz (bpm)" aus. Somit werden die Pulsbereiche im Hintergrund über die gesamte Diagrammbreite als hell- und dunkelgraue Zeilen dargestellt. Ist die Auswahl von Herzfrequenz nicht möglich, beinhaltet Ihre ausgewählte Aufzeichnung keine Pulswerte. Wählen Sie eine andere Aufzeichnung, um die Grundeinstellung einzurichten. Interessieren Sie sich eher für die Anzeige der aktuellen Höhenangabe, wenn Sie mit der Maus in der Liniengrafik entlangfahren, so wählen Sie „grün-Höhe" als Wert in der ersten Aufklappliste. Am interessantesten dürften wohl die Werte Puls, Geschwindigkeit und Höhe sein. Irritiert Sie eine vierte Linie, wählen Sie in einer der Aufklapplisten die Farbe „weiß - kein Wert" aus.

Und wie schon gewohnt, kann man sich auch hier die angeklickte Trainingsaufzeichnung direkt in GoogleEarth anzeigen lassen (rechter Mausklick auf die Aufzeichnung > „…" in GoogleEarth anzeigen).

Sie sehen also, es gibt eine Vielzahl an Möglichkeiten und Programmen, die aufgezeichneten GPS-Daten am PC auszuwerten, zu bearbeiten und für die Wiederverwendung ordentlich bereit zu stellen.

Denken Sie jedoch bei der Weitergabe Ihrer Daten auch daran, ob der aufgezeichnete Track überhaupt für die Öffentlichkeit bestimmt ist! Vermeiden Sie also

- die Aufzeichnung von Privatwegen, auf denen sämtlicher Verkehr nicht erwünscht oder sogar untersagt ist,

- schmale Wanderwege, die evtl. sogar noch stark frequentiert sind, als MTB-Strecke anzupreisen und

- die Aufzeichnung von Querfeldein-Aktionen.

Achten Sie auf ein gesundes Maß an Verträglichkeit zwischen Natur und Mensch sowie dessen verschiedenen Freizeitaktivitäten untereinander
und haben Sie viel Spaß mit Ihrem eTrex !

Index

Weiterführende Hilfe finden Sie auch in den FAQs (häufig gestellte Fragen) der Garmin-Website   www.garmin.de > Service > Antworten.

Oder formulieren Sie Ihre eigene Frage, die Sie mit dem dort vorbereiteten Kontaktformular nach Erstellen eines Service-Kontos problemlos an den Garmin-Support senden können.

Alle GPS Praxisbücher von Red Bike im Überblick

GPS Praxisbuch Garmin Edge705 / 605,   ISBN 978-1-4461-8831-6;

GPS Praxisbuch Garmin Dakota/ Oregon V2, ISBN 978-3-8391-7017-5;

GPS Praxisbuch Garmin GPSMap62 – Serie, ISBN 978-3-8423-2770-2;

GPS Praxisbuch Garmin GPSMAP64 – Serie, ISBN 978-3-7322-8520-4;

GPS Praxisbuch Garmin Edge800,   ISBN 978-3-8391-8210-9;

GPS Praxisbuch Garmin Edge 810,   ISBN 978-3-7322-3028-0;

GPS Praxisbuch Garmin Edge 820,   ISBN 978-3-7412-8570-7;

GPS Praxisbuch Garmin Montana – Serie,   ISBN 978-3-8423-6706-7;

GPS Praxisbuch Garmin Monterra,   ISBN 978-3-7322-4589-5;

GPS Praxisbuch Garmin eTrex 10, 20, 30,   ISBN 978-3-8423-6707-4;

GPS Praxisbuch Garmin eTrex Touch,   ISBN 978-3-7386-2149-5;

GPS Praxisbuch Garmin fēnix 3/ epix,   ISBN 978-3-7386-2430-4;

GPS Praxisbuch – Tourenplanung mit Garmin BaseCamp,

ISBN 978-3-8482-2144-8;

GPS Praxisbuch Garmin Oregon 6xx-Serie,   ISBN 978-3-7322-3031-0;

GPS Praxisbuch Garmin Oregon 7xx-Serie,   ISBN 978-3-7412-8555-4;

GPS Praxisbuch Garmin Edge Touring/ Touring Plus,

ISBN 978-3-7322-8500-6;

GPS Praxisbuch Garmin Edge 1000/Explore,   ISBN 978-3-7357-2486-1;

Engl. Varianten:

GPS Praxis Book Garmin GPSMAP 64 Series, ISBN 978-3-7386-1494-7;

GPS Praxis Book Garmin Oregon 6xx Series,   ISBN 978-3-7386-5323-6;